Ursula Birr

Pudel

Haltung

Erziehung

Pflege

Erste Hilfe

Quick Info

Porträt

Quick Info

Der Pudel auf einen Blick

Sie haben eine gute Wahl getroffen! Pudel sind liebenswert, intelligent und sehr anhänglich. Sie haben einen gutmütigen Charakter und ein fröhliches Wesen.

Die verschiedenen Größen

Alle vier Größen – der Großpudel mit 45–60 cm Schulterhöhe, der Kleinpudel (35–45 cm), der Zwergpudel (28–35 cm) und der Toy-Pudel (um 26 cm) – gleichen sich im quadratischen Körperbau und dem gelockten Fellkleid. Sie sind sehr leicht zu erziehen, lernen schnell und lassen sich wegen ihrer Anpassungsfähigkeit in jede Familie integrieren (S. 12 f.).

Von Mini bis Maxi – Sie haben die Wahl.

Der Pudel in Stichworten

Wesen	ruhig, selbstbewusst, menschenfreundlich, kontaktbedürftig, ohne jede Nervosität
Pflege	gelocktes, nicht haarendes Fell, das naturbelassen bleiben kann, aber auch charakteristisch frisiert und geschoren werden kann, regelmäßig kämmen und bürsten
Bewegungsbedürfnis	mittelmäßig, dafür aber abwechslungsreich
Ansprüche	will gefordert werden und ständiger Begleiter sein
Wachsamkeit	natürlicher Wachtrieb, notfalls auch Schutztrieb
Besonderheiten	höchste durchschnittliche Lebenserwartung aller Hunderassen, Talent für alle Hundesportarten und -arbeiten

Integrierbarkeit in die Familie

Die sprichwörtliche Anpassungsfähigkeit macht den Pudel zum idealen Begleiter für Klein- und Großfamilien, für Kinder wie Senioren, in der Großstadt und auf dem Land.

Pudel sind liebenswerte Familienhunde.

Das sollten Sie wissen

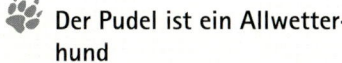 Der Pudel ist ein Allwetter-
hund
➤ Er braucht auch bei Kälte und Regen Ausflüge
an der frischen Luft

 Alle Pudel lieben Wasser
➤ Nach Schwimmtouren müssen Sie mit einem
»pudelnassen« Hund rechnen

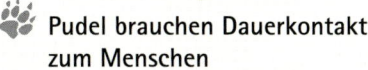 Pudel brauchen Dauerkontakt
zum Menschen
➤ Sie wollen mit in den Urlaub, zum Einkaufen,
ins Auto

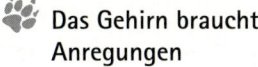 Das Gehirn braucht
Anregungen
➤ Immer gleiche Spazierwege langweilen den
Pudel

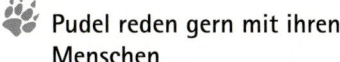 Pudel reden gern mit ihren
Menschen
➤ Wenn sie nicht beachtet werden, können sie
Kläffer werden

 Das Fell braucht gründliche
Pflege
➤ Auch naturbelassen muss es täglich gebürstet
werden

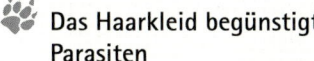 Das Haarkleid begünstigt
Parasiten
➤ Regelmäßige Vorbeugung gegen Flöhe und
Zecken ist wichtig

*Im Wasser fühlt er sich
»pudelwohl«.*

Wie gehe ich richtig mit dem Pudel um?

Wenn Sie Ihren Pudel zu sich holen, ist er noch ein Baby, dessen Entwicklung von da ab in Ihren Händen liegt. Je sorgsamer Sie ihn in seinen ersten Jahren pflegen, desto länger bleibt er gesund und fit.

Das braucht der Welpe (bis 4 Monate)

Futter: Der Züchter wird Ihnen für die ersten Tage Welpenfutter mitgeben. Bieten Sie dem Welpen täglich vier bis fünf kleine Mahlzeiten an. Welpenfutter gibt es als Fertigkost in Trocken- und Feuchtform – abgestimmt auf das zu erwartende Wachstum. Der Großpudel braucht deshalb eine andere Futterzusammensetzung (große Rassen) als der Kleinpudel (mittelgroße Rassen) und der Zwerg- bzw. Toy-Pudel (Minirassen). (S. 30 f.)

Wann gibt es wieder Futter?

Spiel: Bis zur zwölften Lebenswoche sind die Bewegungen des Welpen noch unkoordiniert. Wenn Sie einen Garten haben, regen Sie den Welpen zu »Komm«-Spielen an. Nicht länger als fünf Minuten am Stück. Spaziergänge beschränken Sie auf das Kennenlernen des gewünschten Löseplatzes (Stubenreinheit). Leine locker lassen!

Lernen: Der Kleine wird sehr schnell auf seinen Namen hören, er lernt, wo er sich lösen darf und er schließt sich den Menschen und Tieren seiner Familie an (S. 42 f.).

Pflege: Streicheln der noch daunenweichen Babylocken genügt. Dabei den Welpen daran gewöhnen, dass seine Augen, die Ohren und das Gebiss überprüft werden. Weiche Kauknochen (für Welpen) als Massage für Milchzähne und Zahnfleisch anbieten.

Gesundheit: Eine Entwurmung ist wahrscheinlich fällig. Außerdem die Wiederholungsimpfung nach der Grundimmunisierung.

Verbote: Treppensteigen, keine steilen Hänge, keine Sprünge über Hindernisse, solange die Knochen noch im Reifeprozess sind. Keine Kontakte zu Hunden bis nach der Komplettimpfung. Keine wilden Spiele nach den Mahlzeiten.

Das braucht der Junghund (5–12 Monate)

❧ **Futter:** Umstellung von Welpen- auf Junghunde- bzw. Normalkost für die drei kleinen Schläge. Der Großpudel braucht Spezialmix für große heranwachsende Rassen. Allmählich gewöhnen Sie den Junghund an eine bis zwei Mahlzeiten am Tag.

❧ **Spiel:** Wenn ein Hundeplatz oder eine Hundeschule in der Nähe ist, die Junghundeprägespiele anbietet, unbedingt besuchen. Sonst sollte der Kleine so oft wie möglich mit Artgenossen zusammenkommen, damit er sich, seine Größe und Kraft genau einzuschätzen lernt und die Hundesprache trainieren kann. Erste Beuteverfolgungsspiele (Ball, Stöckchen) und Zerrspiele (z. B. Tauziehen) in den Alltag einbauen.

❧ **Lernen:** Im Laufe seines ersten Lebensjahres lernt der Hund am sichersten und schnellsten. Folgen mit und ohne Leine, »Sitz!«, »Platz!« und »Bleib!«, »Komm!« oder »Hier!«, »Aus!« und evtl. »Bring's!« (Apport) sollte er als 1-Jähriger zuverlässig beherrschen (S. 44 f.).

❧ **Auslauf:** Spaziergänge anfangs auf 15 Minuten beschränken (vier- bis fünfmal pro Tag), im Laufe der Monate auf 30 Minuten oder länger ausdehnen. Die drei Kleinschläge sind dann ausgewachsen, der Große sollte seine Knochen noch nicht überstrapazieren.

❧ **Pflege:** Nach dem Jugendfellwechsel täglich bürsten und kämmen (nicht baden), wöchentlich Krallen überprüfen, monatlicher Ohr- und Augencheck sowie Gewichtskontrolle, vierteljährlich (wenn gewünscht) Schur (S. 34 f.).

❧ **Gesundheit:** Mit sechs Monaten Routinecheck beim Tierarzt (Gebiss, Geschlechtsmerkmalsentwicklung, evtl. Gelenke und Skelett prüfen lassen), Wurmkontrolle und gegebenenfalls Entwurmung alle sechs Monate, jährliche Wiederholungsimpfungen, Zahnsteinentfernung. Falls ratsam Kastration nach Geschlechtsreife.

❧ **Verbote:** Kein Laufen neben dem Fahrrad, noch keine steilen Stufen oder Hänge, keine Sprünge, wenig Spaziergänge auf hartem Boden.

Pudel sind im Allgemeinen sehr verträglich.

Quick Info

Das braucht der erwachsene Hund (1–8 Jahre)

❧ **Futter:** Je nach Sportlichkeit energie- oder ballaststoffreiches Futter, abwechslungsreich füttern, ein- bis zweimal pro Tag immer nach Spaziergang oder aktivem Sport und Spiel.

❧ **Spiel:** Turnierhundesport, Agility, Flyball, Rettungshundetraining, Fährten- bzw. Such-hundespiele, Jagdersatzspiele, Ball- und Fris-beespiele, Wettläufe, Schwimm- und Wasser-spiele – Pudel eignen sich für alle Spiele. 1–2 Stunden am Tag fördern die Kondition.

❧ **Lernen:** Nach der Grundausbildung ist wei-terführende Schule in allen Sportarten (siehe Spiel), und allen Arbeitsfeldern (Blindenführ-hund, Behindertenbegleithund, Rettungshund, Jagdbegleithund, Fährtenhund, Schutzhund) möglich. Pudel lernen auch Obiedience und Mobility. Wichtig sind tägliche Wiederholungs-übungen.

❧ **Auslauf:** Mindestens dreimal täglich je eine halbe Stunde freier Lauf, dazu Spiel und Sport. Einbau von Gehorsamsübungen in die Spazier-gänge (Abrufen beim Spiel mit anderen Hunden, S. 38 f.).

❧ **Pflege:** Täglich bürsten und kämmen, wöchentlich Kontrolle von Ohren, Augen und gründliche Fellpflege, monatlich Krallencheck und Gewichtskontrolle, vierteljährlich Schur.

❧ **Gesundheit:** jährlich Routinecheck beim Tierarzt (Gebiss, Kotprobe und ggf. Entwur-mung, Ektoparasitenvorbeugung), Wiederho-lungsimpfungen.

Lernen ist für den intelligenten Pudel kein Problem.

Das braucht der ältere Hund

❧ **Futter:** Im Fachhandel und beim Tierarzt gibt es Spezialfertigfutter für Senioren, darunter Mischungen, die den individuellen Bedarf bei chronischen Altersleiden abdecken. Auch Diätnahrung wird beim Tierarzt und im Fachhandel angeboten. Füttern Sie wieder drei- bis viermal kleinere Portionen leicht verdaulicher Nahrung.

❧ **Spiel:** Gemächliche Spiele wie Holen der Zeitung oder der Pantoffeln, Suche nach versteckten Gegenständen, halten den Senior fit.

❧ **Lernen:** Auch ein betagter Hund lernt noch dazu. Wichtig ist das tägliche Wiederholen bereits erlernter Übungen. Vier- bis fünfmal je fünf Minuten rekapitulieren lassen.

❧ **Auslauf:** Kürzere Ausflüge von 15–30 Minuten, dafür wieder häufiger, vier- bis fünfmal am Tag. Weichen Boden bevorzugen, das schont die Gelenke.

❧ **Pflege:** Beim täglichen Bürsten und Kämmen darauf achten, ob sich lichte Stellen im Fell zeigen (Hormonstörungen). Wöchentliche Augen- und Ohrenkontrolle, monatlicher Gebiss-, Krallen-, Ellbogencheck. Der Senior ist kälteempfindlicher, Schur nur noch einmal pro Jahr.

❧ **Gesundheit:** Zweimal jährlich Blutuntersuchung beim Tierarzt, um typische Alterserkrankungen frühzeitig zu erkennen und zu therapieren. Auf jeden Fall jährliche Impfungen und Ungezieferbekämpfung. Wurmkur nur nach Kotprobe.

❧ **Verbote:** Kein Laufen neben dem Fahrrad mehr, keine hohen Sprünge, kein Sport auf hartem Boden (Asphalt, Beton).

Mach mal Pause – der richtige Tipp für einen älteren Hund.

Eine glorreiche Vergangenheit

Wie anpassungsbereit, lernfähig und vielseitig der Pudel ist, zeigt am eindrucksvollsten seine Geschichte. In den letzten fünf Jahrhunderten diente er uns Menschen als sehr zuverlässiger Jagdbegleiter und Hütehund, begabter Varietékünstler, Frontsanitäter und treuer Freund der Familie.

Hallo, wie geht es dir? Dank ihres liebenswürdigen Wesens gehören Pudel seit vielen Jahrhunderten zu den beliebtesten Hunderassen.

Die ersten Pudel dienten als Wasserhunde. Das hat ihnen auch den Namen gegeben. Pudel leitet sich entweder von »pfudel« = Pfütze oder von »paddeln« ab. Das französische »Caniche« drückt die Ur-Aufgabe aus: Canard chien bedeutet Entenhund. Als solcher hat er im 16. Jahrhundert die Enten aus dem Wasser geholt.

Ein Ass in jeder Disziplin

Diese erste Aufgabe machte auch die bis heute gebräuchliche Schur notwendig: Um Lunge und Herz vor dem kalten Wasser zu schützen, beließ man des Pudels Locken an Stirn, Brust, Schulter und Fesseln. Damit er schneller schwimmen konnte, schor man die Regionen an Bauch, Lenden und Hinterschenkeln. Im 17. Jahrhundert bewies er seine Fähigkeit als Schafe-Hüter, der selbstständig die Herden umkreiste und bewachte. Dadurch wurde er auch in Dörfern und Städten bekannt und interessant. Bald priesen ihn Schausteller als Rechenkünstler, Artist und Clown, der ihnen mit Kunststückchen ein gutes Zubrot verdiente, in vorigen Jahrhundert tingelten Pudel auch durch Varietés und traten in Zirkussen und auf. Dann entdeckte sie das Militär und viele starben in den Weltkriegen als Sanitäts- und Melde-, später als Blindenführhunde.

Geschichten über den Pudel

TIPP Pudel beobachten alles ganz genau. Sie lernen z. B. blitzschnell, die Zeitung aus einem offenen Rollenkasten zu holen. Zeigen Sie ihm den Kasten, geben Sie ihm die Morgenlektüre zwischen die Zähne, sagen Sie dabei immer „Zeitung" und laufen Sie mit ihm zurück ins Haus. Nach einigen Versuchen wird er auf »Zeitung« selbstständig zum Kasten laufen und mit dem Lesestoff zu Ihnen kommen.

Alle Pudelbesitzer der Vergangenheit und der Gegenwart wissen von den Wundertaten ihres Hundes zu berichten. Gertrude Stein zum Beispiel berichtet über ihren weißen »Basket«, dass er auf »Mach mir den Hemingway« wie ein Rasender vom Stuhl sprang, sich die Locken raufte und heiser kläffte. Wahr ist auch die Geschichte von Victor Hugos Pudel »Baron«, der während eines Tourneejahres des Dichters bei einem französischen Diplomaten bleiben sollte. Als der Marquis de Faletans Botschafter in Moskau wurde, nahm er seinen Pflegehund mit. Baron büxte aus und stand Wochen später vor den Toren seines Herrn. Er hatte 2150 Kilometer zurückgelegt und außer wunden Pfoten keinerlei Blessuren. Hugo widmete dieser langen Reise später ein Gedicht.

Der Kriegsheld

Im napoleonischen Heer soll »Moustache« als Kriegshund seine Soldaten mehrfach vor Angriffen gerettet haben. Er war in der Korpsliste eingetragen und erhielt die Heldenmedaille nach Austerlitz, weil er in der Schlacht einen Fahnenträger erst verteidigt, nach dessen Tod dann die Fahne zurück zum Stab gebracht hatte. Berühmt ist die Geschichte des Pudels eines Heidelberger Professors, der auf das Wort »Tabak« zu einem kleinen Laden auf der anderen Straßenseite lief und den gefüllten Beutel seinem Herrn brachte. Als der Mann in eine 150 km entfernte Stadt zog, sollte der Pudel aus einem neuen Laden die Pfeifenfüllung holen. Doch auf das Wort »Tabak« hin verschwand er und kam Wochen später abgemagert und verdreckt mit einem Beutel Tabak zurück. Er hatte den Weg zum alten Laden und zurück zu seinem neuen Zuhause zurückgelegt.

Berühmte Pudelbesitzer

Von Arthur Schopenhauer bis Jack Lemmon, von Wilhelm Busch bis zu den Jacob Sisters, von Richard Wagner bis Winston Churchill haben sich Prominente, Künstler, Maler und Schriftsteller für den Pudel begeistert. George Sand kutschierte ihre beiden champagnerfarbe-

nen Königspudel, die ein Trikolorschleifchen in den Kopflocken tru-
gen, durch Paris. Madame de Pompadour tröstete sich mit zwei
Zwergpudeln über einsame Nächte. Maria Callas reiste nie ohne ihre
beiden Zwergpudel, Gracia Patricia von Monacos ständiger Begleiter
war ein apricot Toy-Pudel.

Prominentester Pudelbesitzer heute ist sicher Wladimir Putin, der
Präsident Russlands. Er bedauerte in den Interwievs zu seinem Amts-
antritt, dass er kaum noch Zeit für seinen Kleinpudel habe.

Durch die Presse ging auch der amerikanische Musher John Sutor,
der am schwersten Schlittenhunderennen der Welt, dem Iditarod
durch Alaska teilnahm und sechs Großpudel einspannte. Mit seinem
schwarzen Sextett bewältigte er die Strecke von 1600 Kilometer
zwar nicht als Sieger, aber als eines der wenigen Gespanne, die nicht
aufgaben und das Ziel erreichten.

Die Reihe prominenter Pudelfreunde ließe sich noch lange fortset-
zen. Das überaus anpassungsfähige Wesen macht den Pudel zu einem
idealen Begleiter auf Reisen, weshalb er bei Künstlern so beliebt ist,
die oft auf Tournee gehen.

> **INFO**
>
> Leider wurde und wird der
> Pudel dank seiner Gelehrig-
> keit und seines anspre-
> chenden Äußeren auch im-
> mer wieder missbraucht. So
> ist er zum Beispiel gele-
> gentlich Accessoire auf
> Modeschauen, manchmal
> sogar passend zum Kleid
> eingefärbt.

*Pudel sind überaus
anhänglich und wollen
immer mit dabei sein.*

Abstammung und Verwandte

Ob die ersten Wasserhunde, die bereits in mittelalterlichen Werken beschrieben werden, Pudel waren, aus denen sich die anderen Rassen entwickelt haben oder umgekehrt, darüber diskutieren Kynologen seit Jahrzehnten. Sicher ist, dass der heutige Pudel in sich das Erbe der urtümlichen zotthaarigen Schäferhunde und einen Schuss Wasser-Stöberhund trägt. Einige der mit ihm verwandten Rassen ähneln mehr den Schäferhunden, andere sind reine Wasserhunde geblieben.

- Der **Schafpudel** war wohl ein Lokalschlag des heutigen Pudels, mittelgroß, noch dichter behaart und als die Herden umkreisender Hirte genutzt. Es gab ihn in den Farben Weiß, Grau und einem hellen Braun (vermutlich heute das Apricot).
- Der südrussische **Owtscharka** hat die Höhe der heutigen Großpudel, sehr zottiges langes wetterfestes Fell und eine wesentlich massivere Statur als unsere Pudel. Er gilt als einer der Stammväter aller Schäferhunde und damit auch als einer der Ahnen des Pudels.
- Der **Barbet,** dessen Anhänger ihn als Stammvater aller Wasserhunde sehen, ist kleinpudelgroß mit dichtem wolligen strähnigen Fell. Er arbeitet noch heute als Jagdhund beim Vorstehen und Apportieren aus dem Wasser.
- Der **Perro de Aqua Español** dient noch heute als Schafehüter und Apportierer bei der Wasservogeljagd. Er ist kleinpudelgroß, sehr üppig belockt und gleicht dem Pudel rein äußerlich sehr.
- Der **Cão de Agua,** ein portugiesischer Wasserhund mit Großpudelmaßen hat bereits eine Karriere als Schiffshund der Seefahrer und Weltentdecker hinter sich und ist heute hochgeschätzter Fischer-Helfer.
- Der **Lagotto Romagnolo,** ebenfalls ursprünglich ein Wasserhund für die Geflügeljagd, kleinpudelgroß und ausschließlich mit hellen Farben gezüchtet, gehört heute zu den besten Trüffelsuchern. Auch er hat die typischen Pudellocken.
- **Schnürenpudel** waren und sind echte Großpudel, deren Haarkleid unbehandelt blieb, bis es als zotteliger überlanger Filz den ganzen Körper bedeckte und seinen Träger mit überdimensionalen Scheinmaßen ausstattete.

- Der **American Water Spaniel,** ein hervorragender Schwimmer, Stöber- und Apportierhund bei der Entenjagd, entstand im Mississippigebiet, wahrscheinlich aus dem etwas größeren **Irish Water Spaniel,** den Einwanderer mit in ihre neue Heimat brachten. Beide Rassen haben braunes lockiges Fell.
- Der **Wetterhoun,** ein Wasserhund mit dichtem öligen lockigem Fell in den Farben Braun oder Schwarz-Weiß, entwickelte sich in Friesland. Auch heute ist er ein beliebter Stöber- und Apportierhund mit viel Mut.
- Das **Löwchen** ist ein langhaariger Zwerghund. Seinen Namen verdankt er der besonderen Schur, die ihm an Kopf, Schulter und Brust eine »Löwenmähne« lässt, das Fell am Hinterteil wird kurz geschoren. Das Löwchen gibt es in jeder erdenklichen Fellfarbe.
- Der **Komondor** beeindruckt durch seine Größe (Schulterhöhe 80 cm), seinen Mut und seine Wachsamkeit. Charakteristisch für den ungarischen Hirtenhund ist sein üppiges Fell, das ihm in der Puszta einen guten Schutz gegen Hitze und Kälte bietet. Das Deckhaar verfilzt zu langen Schnüren.

Ein Mitglied der großen Verwandtschaft: American Water Spaniel.

Der Pudel heute

Bis Ende des 19. Jahrhunderts lag die Pudelzucht in den Händen ein-
zelner Freunde der Rasse. Erst mit den ersten Ausstellungen von
hauptsächlich Jagdhunden begannen die Züchter, sich zu organisie-
ren und ihre Tiere nicht nur nach Nutzwert, sondern auch nach dem
Aussehen zu bewerten. Die große Zeit der Vereinsgründungen begann.

Gleich zwei Pudelvereine waren unter den ersten Rassehundever-
bänden: In München gründete sich der Deutsche Pudel Klub e. V., in
Stuttgart der Württembergische Pudel-Klub, der wenig später Inter-
nationaler Pudelverein hieß. Noch im Gründungsjahr erschien der
erste Standard, der »Pudel« und »Zwergpudel« unterschied. Bis 1936
wurden alle Pudel als »kontinental-europäische« Rassen geführt, dann
erstritt sich Frankreich das Recht als Ursprungsland und wurde damit
federführend für den Standard.

Heute sind bei der Dachorganisation für alle Rassehundevereine,
dem VDH (Verband für das Deutsche Hundewesen) vier Pudelvereine
registriert (Anschriften siehe Seite 62). Mit 2844 gemeldeten Jung-
tieren 1999 (jüngste Statistik) rangieren Pudel nach Deutscher Schä-
ferhund, Teckel und Deutsch Drahthaar auf Rang fünf der beliebtesten Hunderassen.

Der Rassestandard

🐾 Der ideale Pudel soll harmonisch gebaut sein und am ganzen
   Körper die charakteristischen gelockten oder geschnürten Haare
   zeigen.

🐾 Der Kopf ist geradlinig, darf nicht schwer oder massiv wirken. Der
   Fang ist gerade, aber nicht spitz mit dunkelbraunem bis schwarzen
   gut entwickeltem Nasenschwamm. Die Augen sind dunkel (je nach
   Fellfarbe) und sitzen leicht schräg. Die Ohren sollen lang sein und
   entlang der beiden Wangen bis zu den Lefzen hängen. Sie sind mit
   langem welligen Haar bedeckt. Die Ohrspitzen sind abgerundet.

🐾 Den Kopf trägt ein Pudel hoch und stolz, dafür sorgt auch der
   leicht gebogene Hals, der keine Wamme zeigen darf. Die Spitze des
   Brustbeins der gut proportionierten Brust darf leicht hervor-
   treten, damit die hohe graziöse Kopfhaltung unterstrichen wird.

Der Brustkorb ist tief, das Rippenschiff oval, der Bauch nach hinten aufgezogen, was den Pudel schlank wirken lässt.

❀ Pudel haben einen kurzen geraden Rücken, Widerrist und Kruppe sind auf derselben Höhe. Die bei uns immer naturbelassene Rute wird hängend in Ruhe und schräg nach oben in Bewegung getragen.

❀ Die Vorderläufe sind vollkommen gerade, die Hinterhand ist so gewinkelt, dass keine abfallende Kruppe entstehen kann. Die Schenkel sind kräftig und muskulös, mit kleinen, fest geschlossenen ovalen Pfoten. Die kräftigen Zehen sind durch Schwimmhäute miteinander verbunden. Die Ballen sind hart und dick. Die Krallen sind möglichst dunkel pigmentiert (je nach Fellfarbe). Pudel werden ohne Afterkrallen geboren.

❀ Auch das Gangwerk des Pudels ist Bestandteil des Standards: Tänzelnd und leichtfüßig soll es sein.

Stop — Nasenspiegel — Fang — Behang — Vorderlauf — Rute — Kruppe — Widerrist — Knie — Hinterlauf — Pfote

Die verschiedenen Größen

Ob Sie sich einen großen Hund wünschen oder ein »Hündchen« – in dieser Rasse finden Sie die richtige Größe.

❀ Der **Großpudel,** früher auch Königspudel genannt, muss mindestens 45 cm Widerristhöhe aufweisen und darf (in den kontinentaleuropäischen Ländern) höchstens 60 cm hoch sein. Anders als bei anderen Rassen schreibt der Standard keine Größen-Unterschiede zwischen Rüde und Hündin vor. Er wird am häufigsten in Schwarz und Weiß gezüchtet, Großpudel in Braun, Silbergrau, Blau oder Apricot sind zwar zulässig, aber äußerst rar.

❀ Der **Kleinpudel** ist zwischen 35 und 45 cm hoch und ein verkleinertes Silhouetten-Abbild des Großpudels. Er wird in allen F.C.I.-anerkannten Farben gezüchtet, außerdem auch zweifarbig.

❀ Der **Zwergpudel** misst zwischen 28 und 35 cm. Großen Wert legen die Züchter darauf, dass alle Proportionen dieselben sind wie bei den beiden größeren Schlägen.

Die Farbe Apricot gibt es in helleren und dunkleren Varianten.

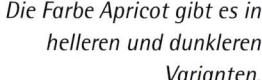

🐾 **Toy-Pudel** werden alle Pudel unter 28 cm Widerristhöhe genannt. Toy ist das englische Wort für Spielzeug, wird aber als Kosename für alles Kleine, Niedliche benutzt. Die Idealgröße eines Toy-Pudels sind 25 cm. Bei den Toys macht der Standard ein Zugeständnis an die Kopfform. Das Hinterhauptbein der Zwerge darf weniger betont sein, der Kopf wirkt also runder als bei den anderen drei Größen.

Die Farben

Der Originalstandard der F.C.I. zum letzten Mal korrigiert am 12. 12. 1991, sieht nur fünf »solide« Farben vor. Solide heißt einfarbig, ohne Schattierungen, Marken, Flecken, Streifen oder Schecken. Danach dürfen Pudel einfarbig Schwarz, Weiß, Braun, Silbergrau und Apricot sein.

Braune Pudel sieht man bei uns zurzeit recht selten.

🐾 Das **Schwarz** soll tief sein und keinen Blauschimmer haben.

🐾 Das **Weiß** muss wirklich rein sein. Augenlider, Lefzen und Krallen sind dunkel pigmentiert.

🐾 Das **Braun** soll dabei »marron« also kastanienbraun sein.

🐾 Das **Silbergrau** muss gleichmäßig sein (silbergraue Pudel kommen schwarz zur Welt) und darf weder ins Weiß noch ins Schwarz umschlagen.

🐾 Das **Apricot** soll weder beige, cremefarben noch rot wirken.

Die Kombination Schwarz-Weiß nennt man »Harlekin«.

In den USA und Großbritannien, die schon zu Gründerzeiten der Zuchtverbände ihre eigenen Standards erstellten, werden auch die Farben Rot und Blau – jeweils solide – sowie die Mehrfarbenpudel zugelassen. Auch bei uns sieht man vor allem bei den Klein- und Zwergpudeln inzwischen viele zweifarbige, die allerdings offiziell (noch) nicht von der F.C.I. anerkannt sind, dafür aber bei Pudelfreunden in der Beliebtheit steigen.

🐾 **Harlekin:** Schwarz-weiß-gescheckte Pudel werden auch Harlekin-Pudel genannt. Sie sind zu 60 % weiß mit schwarzem Kopf und rein weißen Beinen, sowie mehreren schwarzen Platten im Körperfell.

🐾 **Black & Tan** nennt man die schwarz-loh-gezeichneten Pudel. Sie sind zu 80 % schwarz und haben »Marken« in Loh (rotbraun) in den Augenbrauen, in Ohrensaum, Bart, an den Wangen, der Brust, den Läufen und der Afterregion.

Black & Tan ist ein moderner, lustiger Farbenmix.

Des Pudels Kern

Weil er im Lauf seiner langen Geschichte schon so viele unterschiedliche »Berufe« ausgeübt hat, ist der Pudel ein extrem vielseitiger, lernfähiger Begleiter. Und genau deshalb eignet er sich so gut als Hund für jede Familie.

Sein Wesen und seine Talente

Von den Jagdhunden hat der Pudel seine Menschenfreundlichkeit, die Hirtenhunde haben ihm die Ausdauer mitgegeben, die Zeit unterm fahrenden Volk hat ihn mit akrobatischer Gelenkigkeit ausgestattet. Als Wasser-Apportierhund wurde er dazu gezüchtet, ruhig, aber aufmerksam zu sein, Geduld zu haben und in Sekundenschnelle auf Trab zu kommen. Und weil unter seinen Vorfahren niemals schneidige Terrier, wachsame Schutzhunde oder eigenwillige Treiber waren, sind andere Hunde für ihn mehr Kameraden, denn Herausforderer. Eher übersieht er sie, als sich provozieren zu lassen. Feige ist er allerdings nicht, und einen Angriff weiß er durchaus abzuwehren.

Vom Umgang mit Kindern

Die Familie bedeutet dem einziehenden Pudel alles. Er fühlt sich sehr schnell als Teil von ihr. Ein gut sozialisierter Pudel, gleich welcher Größe, hat Eifersucht aufs Baby nicht nötig und nimmt höchstens teil an der Freude der Eltern über den zweibeinigen Familienzuwachs. Das Krabbelkind ist interessant und weckt seine Neugier. Es gibt zahllose Beispiele von innigen Freundschaften zwischen einem Pudel und einem Vorschulkind, die unzertrennlich sind. Für Schulkinder und Jugendliche ist ein Pudel schon allein deshalb der ideale Begleiter, weil er geduldig neben dem Schreibtisch sitzen bleibt, wenn Hausaufgaben zu erledigen sind. Pudel lernen aber auch Tennisbälle zurückzubringen, neben dem Pony herzulaufen, an temperamentvollen Spielen teilzunehmen. allerdings sollten Eltern den Hunden dann eine möglichst natürliche Schur zukommen lassen, denn was die Rasse in die völlig falsche Ecke gedrängt hat, sind die manchmal recht ausgefallenen Frisuren.

Die anderen Tiere

Pudel haben ein ausgeprägtes Selbstbewusstsein und eine sehr hohe Reizschwelle. Das ist einer der Gründe, warum sie zunächst einmal keine Probleme mit Artgenossen haben. Nicht nur die Hündinnen, auch die Rüden entwickeln gegenüber im Haus lebenden kleineren Heimtieren mütterliche oder väterliche Gefühle und passen, ohne es gelernt zu haben, auf ihre Schützlinge auf. Allerdings muss der Pudel, wenn er Einzug hält, die anderen Tiere erst kennen lernen. Und er sollte möglichst jung sein, denn sonst hat er womöglich schon (schlechte) Erfahrungen mit Papagei, Katze oder Kaninchen gemacht. Ich kenne aber keinen einzigen Fall, bei dem ein Pudel aggressiv gegen »seine« Familienkatze oder den Wellensittich geworden ist. Das bedeutet allerdings nicht, dass Ihr Pudel nun alle Katzen liebt, die ihm irgendwo über den Weg laufen. Bewegliche »Dinge« wie Eichhörnchen, Kaninchen oder auch Vögel wecken auch in einem sanften Pudel den Beutetrieb und er wird hinterher laufen. Doch gut erzogen, kommt er auf Kommando schnell zurück.

INFO

Wissenschaftlich erwiesen sind Charakterunterschiede im Zusammenhang mit der Fellfarbe nicht. Man sagt jedoch den Schwarzen ein größeres Temperament, aber auch leichtere Erziehbarkeit nach. Apricotpudel sollen empfindsamer, aber auch schneller beleidigt sein.

Das kleine Mädchen und sein fröhlicher Pudel sind ein unschlagbares Team.

Ein neuer Freund zieht ein

Einen neuen Hund zu Hause willkommen zu heißen, ist ein echtes Abenteuer. Denn jeder Hund ist eine Persönlichkeit, die Sie erst kennen lernen müssen. Und der Kleine muss seine neue Familie beschnuppern. Bereiten Sie seine Ankunft gut vor, damit Sie sich auf Ihren neuen Mitbewohner voll konzentrieren können.

Spielsachen sind ja gut und schön, aber wer spielt mit mir? Das Leben mit einem jungen Hund macht Spaß und ist anstrengend.

Für den jungen Hund ist der Umzug noch viel aufregender als für Sie. Denn er verlässt das einzige Zuhause, was er bisher kannte, wird von Mutter und Geschwistern getrennt. Von einer Sekunde zur anderen steht sein junges Leben Kopf. Machen Sie sich das klar und erwarten Sie nicht, dass Ihr Neuer gleich schwanzwedelnd um Sie herumtollt. Alle Hunde sind von Geburt an Ordnungsfanatiker. Und der Umzug ins neue Heim bedeutet für Ihren Welpen zunächst einmal pures Chaos.

Von jetzt ab ändert sich Ihr Leben

Aber auch auf Sie und Ihre Familie kommen tiefgreifende Veränderungen zu. Denn von nun ab bestimmt der Lebensrhythmus des Hundes Ihr Leben mit. Er muss unabhängig von Jahreszeit und Wetter seine Verdauungsspaziergänge machen, er will erzogen werden und Sie müssen sich um sein körperliches und geistiges Wohl kümmern. Denken Sie auch daran, dass von jetzt an Ihre Urlaubspläne den Vierbeiner mit einbeziehen müssen, dass er gelernt haben muss, alleine zu bleiben, bevor Sie mit der ganzen Familie einen Abend außer Haus verbringen. Auch bei einem so lerneifrigen Hund wie dem Pudel kann es Wochen dauern, bis sich Ihr Rhythmus und der des Hundes aufeinander eingespielt haben.

Die Vorbereitungen

WICHTIG

Giftige Zimmerpflanzen

❀ Amaryllis
❀ Azalee
❀ Birkenfeige
❀ Dieffenbachie
❀ Efeu
❀ Philodendron
❀ Wolfsmilchsgewächse
❀ Yucca-Palme

Ein Welpe ist neugierig. Zu seiner eigenen Sicherheit, aber auch, um Ihre Nerven und den Geldbeutel zu schonen, sollten Sie sich gründlich auf seine Ankunft vorbereiten, um Gefahren zu vermeiden.

Die welpensichere Wohnung

Schauen Sie sich Ihre Wohnung genau aus Hundesicht an: Gibt es Glaswände, -türen oder -möbel, gegen die ein junger Tollpatsch laufen könnte? Bergen offene Treppen die Gefahr eines Sturzes? Ist der Balkon so verkleidet, dass ein junger Hund seinen Kopf nicht durchs Gitter stecken kann? Sind die Steckdosen mit einer Kindersicherung verschlossen, Elektrokabel für die Hundezähne unerreichbar? Darauf müssen Sie achten: Pflanzendünger, Putz- und Waschmittel, Lacke, Farben, Klebemittel, Schuhcreme, Medikamente und chemische Mittel aller Art müssen unbedingt hundeunzugänglich aufbewahrt werden. Denn es besteht lebensgefährliches Verätzungs- und Vergiftungsrisiko!

WICHTIG

Giftige Gartenpflanzen

❀ Akelei
❀ Anemonen
❀ Aronstab
❀ Glyzinie
❀ Buchsbaum
❀ Efeu
❀ Eibe
❀ Eisenhut
❀ Fingerhut
❀ Goldregen
❀ Herbstzeitlose
❀ Herkulesstaude
❀ Hortensie
❀ Thuja
❀ Lupine
❀ Maiglöckchen
❀ Oleander
❀ Pfaffenhütchen
❀ Rittersporn
❀ Seidelbast
❀ Tollkirsche
❀ Wacholder
❀ Winterling

Der welpensichere Garten

Wenn jenseits des Zaunes etwas seine Neugier erregt, entwickelt er erstaunliches Talent, dorthin zu gelangen. Er schlüpft wie eine Katze unter dem Gartentor hindurch, zwängt sich durch enge Gatter oder gräbt sich unter dem Zaun zu den Nachbarn durch. Sie können solche Lücken provisorisch schließen, denn bald ist Ihr Hundekind zu groß für die kleinen Schlupflöcher geworden. Außerdem entwickelt sich sein Territoriums-Empfinden und er bleibt innerhalb »seines Grundstücks«.

Falls Sie einen Teich oder Brunnen im Garten haben, achten Sie auf ein seichtes Ufer, das dem Hund die Chance gibt, nach einem unfreiwilligen Bad wieder an Land zu kommen. Auf Gifte aller Art müssen Sie unbedingt verzichten. Welpen fressen mit Begeisterung Erdklumpen und nehmen dabei Schneckenkorn, Pestizide und Kunstdünger mit auf. Auch der Komposthaufen ist »gefundenes Fressen« für einen jungen Hund.

Der Schlafplatz

Als sehr menschenbezogene Rasse wollen Pudel auch nachts ihren Menschen so nahe wie möglich sein. Ein Körbchen oder eine Decke im oder unmittelbar vor dem Schlafzimmer wird diesem Bedürfnis gerecht. Wählen Sie dann noch in den Räumen, in denen Sie sich am häufigsten aufhalten je ein Eck aus, das Sie als Beobachtungs- und Ruheplatz anbieten können.

Der Futterplatz

Wählen Sie einen Platz, der gut zu reinigen ist. Kaufen Sie am besten spülmaschinenfeste Näpfe, deren Durchmesser nur leicht über dem des (ausgewachsenen) Pudelkopfes liegen sollte. Warum? Weil Ihr Pudel dann beim Fressen und Trinken nicht mit beiden Ohren im Napf landet. In den langen Haaren bleiben leicht Futterreste hängen. Empfehlenswert sind rutschfeste Näpfe und eine pflegeleichte Unterlage für den Fall, dass beim hastigen Fressen oder Trinken etwas daneben geht.

> **WICHTIG**
>
> Für Großpudel sollten Sie den Futter- und Wassernapf »mitwachsen« lassen. Es gibt variable Einhängesets, in denen die Näpfe je nach Größe des Hundes eingesetzt werden. So stellen Sie sicher, dass Ihr Großer sich später nicht tief bücken muss, um an sein Futter zu gelangen.

WOMIT SIE RECHNEN MÜSSEN		
	einmalig	**jährlich**
❧ Anschaffung	ca. 1000 DM (ca. 510 €)	
❧ Grundausstattung	ca. 700–750 DM (ca. 380 €)	
❧ Hundesteuer		30–200 DM (15–102 €)
❧ Haftpflichtversicherung		ca. 150 DM (76 €)
❧ Tierarzt/Impfungen		250 DM (127 €)
❧ Ersatzausstattung		um 50 DM (25 €)
	pro Tag	
❧ Futter	2–5 DM (1–2.50 €)	

Ob dieser Gartenzaun wohl dicht ist?

Einzug ins neue Heim

Die meisten Züchter geben Ihnen neben den Papieren und dem Kaufvertrag noch jede Menge guter Ratschläge, meistens einen Vorrat des bisher gegebenen Futters sowie eine gebrauchte Decke oder ein zerkautes Spielzeug mit. So ausgerüstet nehmen Sie den Welpen und tragen ihn ins Auto. Fahren Sie auf jeden Fall mindestens zu zweit. Auf dem Schoß des Beifahrers ist die Gefahr von Reiseübelkeit am geringsten. Streicheln Sie den Welpen beruhigend, aber lassen Sie nicht zu, dass er im Wagen herumkrabbelt oder versucht, nach draußen zu schauen.

Unsicherheit überwindet er schnell

Ein gut sozialisierter Welpe ist in erster Linie neugierig und angstfrei. Natürlich hat er auch gesundes Misstrauen. Wenn Wohnung und Garten ausbruchssicher sind, lassen Sie Ihren neuen Mitbewohner in aller Ruhe sein Zuhause erkunden. Die Nase führt ihn zielsicher zum Futterplatz, den er sich mit Sicherheit sofort für immer merkt. Wenn der junge Hund sich einem von Ihnen nähert, gehen Sie sofort in die Knie, freuen sich über den kurzen Kontakt und sprechen ihn mit seinem Namen an. Dadurch fühlt er sich angenommen und willkommen.

Zeigt der Welpe vor irgendeinem Möbelstück Angst oder zögert, dorthin zu gehen, geben Sie ihm das Gefühl, beschützt zu sein. Treten Sie einfach hinter ihn, sprechen mit ihm und streichen ihm leicht über den Kopf. Nach kurzer Erkundungsphase wird der junge Hund sich hinsetzen und eventuell fiepen oder verunsichert um sich schauen. Das ist normal – noch fühlt er sich fremd, ist müde und sucht nach einem Platz, an dem er sich geborgen fühlt. Zeigen Sie Ihrem Hund seinen Ruheplatz. Wenn er sich hingelegt hat, sollte auch Ihre Familie sich setzen und dem Kleinen ein bisschen Ruhe gönnen.

Die erste Nacht

Über diese erste Nacht denken wir Menschen viel intensiver nach als ein junger Hund. Der ist meistens nur erschöpft, fühlt sich entsetzlich einsam und sucht vertrauten Geruch, ein Nest und Geborgenheit.

Legen Sie einfach die Decke, die bereits nach ihm riecht (die vom Züchter oder Ihre, auf der schon gelegen hat) in den Raum, in dem Sie auch gerade sind und sehen Sie fern oder lesen Sie ein Buch. Je weniger Aufhebens Sie machen, desto ruhiger schläft Ihr Kleiner. Die letzte kleine Mahlzeit sollte er schon hinter sich haben. Wenn er Ermüdungserscheinungen (Gähnen, Überdrehtheit) zeigt, führen Sie ihn nochmals ins Freie. Warten Sie dann ruhig ab, bis er schläft. Natürlich kann es sein, dass er nachts ein- oder zweimal aufwacht, unruhig wird, herumläuft oder auch weint. Überhören Sie es. Das fällt schwer, aber es ist für Ihren Hund das Beste. Wenn Sie jedesmal aufstehen und zu ihm laufen, empfindet er seine Unruhe als berechtigt und wird sie steigern.

Wenn bei Ihnen am nächsten Morgen der Wecker klingelt oder Außengeräusche den Kleinen wecken, sollten Sie auch wach sein, ihm mit freundlicher Stimme einen »guten Morgen« wünschen, ihn kurz ins Freie führen. Warten Sie nicht zu lange damit, weil er nach dem Aufwachen sehr schnell ein Pfützchen macht. Anschließend servieren Sie ihm seine erste Mahlzeit.

Das Körbchen ist ein sicherer Standort, um die Umgebung zu beobachten.

WICHTIG

Zeigen Sie Ihrem Welpen bei allem, was er tut, ob Sie das gut oder nicht so gut finden. In den Tagen nach seinem Heimwechsel ist er so aufnahmebereit wie nie mehr wieder und Sie können durch kleinste Gesten und leise Worte viel mehr erreichen als später in vielen Übungsstunden durch ausgeklügelte Erziehungsmaßnahmen.

CHECKLISTE

Das braucht Ihr Hund

- ❀ Zwei stabile Hundekörbe
- ❀ Waschbare Decken
- ❀ Stabile Futter- und Wassernäpfe (je 2)
- ❀ Welpenhalsband aus weichem Leder
- ❀ Welpenleine kurz
- ❀ Ausziehbare Flexileine (nicht für Großpudel)
- ❀ Welpenfutter feucht und trocken
- ❀ Transportbox (nicht für Großpudel)
- ❀ Autodecke, -gurt-, gitter
- ❀ Welpenspielzeug
- ❀ Kauknochen

Futter, Fellpflege und viel Liebe

Pudel sind robuste Hunde mit der höchsten Lebenserwartung aller Rassen. Mit der richtigen Ernährung, gründlicher regelmäßiger Fellpflege und intensiver Zuwendung können Sie dafür sorgen, dass Ihr ständiger Begleiter bis ins hohe Alter gesund und fit bleibt und seine angeborene optimistische Freundlichkeit behält.

Eine Portion Abenteuerlust steckt in jedem Pudel. Mit gutem Futter und der richtigen Pflege bleibt Ihr Hund vital und fröhlich.

Bestechlich sind Pudel nicht. Dazu ist ihr Selbstbewußtsein zu stark ausgeprägt. Ihr sensibler Hund spürt sofort, ob Sie ihn »ruhigstellen« wollen, indem Sie ihm Leckerbissen zustecken oder ob das angebotene Extrahäppchen ihre ehrliche Freude über eine Glanzleistung verdeutlichen soll. Trotzdem geht ein Teil der Liebe natürlich, wie bei allen Lebewesen, auch durch den Magen. Die regelmäßige Fellpflege, die notwendig ist, vertieft automatisch die Bindung zu Ihnen und umgekehrt. Denn sie erfordert intensiven körperlichen Kontakt. Und als Rudeltier genießt der Pudel Fellpflege und Streicheleinheiten , weil sie auch im Wildhunderepertoire vorkommt.

Hauptsache nahe beim Menschen

Das Bedürfnis nach Körpernähe, Merkmal aller sozial lebenden Tiere, ist beim Pudel als einer der ältesten Rassen, besonders stark ausgeprägt. Zwinger oder ein Platz abseits seiner Familie lässt ihn verkümmern, mürrisch und unberechenbar werden. Wenn dagegen die ganze Familie den vierbeinigen Partner, unabhängig von seiner Größe, von Anfang an als vollwertiges Mitglied akzeptiert und behandelt, dankt er das durch eine bedingungslose Anpassungsfähigkeit in allen Situationen.

Die richtige Ernährung

TIPP Sorgen Sie von
Anfang an für ab-
wechslungsreiches
Futter. Gewöhnt sich ein
Hund an eine Sorte, dann
frisst er oft keine andere.
Das kann zu Problemen
führen, wenn er zum Bei-
spiel aus gesundheitlichen
Gründen eine Diät bekom-
men muss.

Über das richtige Futter braucht sich heute niemand mehr Sorgen zu machen, denn die Industrie stellt individuelle Mischungen bereit, deren Nährstoffe auf das jeweilige Hundealter, die Rassegröße, die Bewegungsmenge und mögliche Krankheitsdispositionen sehr gut abgestimmt sind.

Solange Sie darauf achten, dass Ihr Hund agil, fit und gesund bleibt und kein Fett ansetzt, können Sie dank moderner Ernährungsforschung eigentlich nichts falsch machen. Tatsächlich ist der häufigste Fütterungsfehler das Zuviel des Guten. Denn Pudel sind unter den Locken eine eher schlanke Rasse. Sie sollten die Rippenbögen deutlich fühlen können und die Bauchlinie soll sich in Richtung Lenden sichtbar verjüngen.

Fertigfutter

Sie können wählen zwischen Feucht- und Trockennahrung. Und dabei wieder unter Futter für junge, erwachsene und Seniorenhunde. Für kleine, mittlere, große, für bewegungsfreudige und eher ruhigere Typen. Feuchtfutter hat den Vorteil, dass der Hund länger braucht um es zu vertilgen und sich deshalb leichter satt fühlt. Trockenfutter ist vor allem im Sommer empfehlenswert, weil es haltbarer ist, kein Ungeziefer anlockt (Fliegenmaden) und nicht so schnell verdirbt. In beiden Fällen braucht der Hund ständig frisches Wasser.

ACHTUNG

Die Angaben in der Tabelle
schwanken natürlich je
nach Jahreszeit und Akti-
vität Ihres Pudels. Ein Spit-
zensportler hat bis zum
doppelten Energiebedarf
gegenüber einem gleich
großen, gleich schweren
Pudel, der nur seine ruhi-
gen Gassirunden dreht.
Auch Stress, Krankheiten
und hormonelle Verände-
rungen (Trächtigkeit,
Läufigkeit) erhöhen den
Energiebedarf.

DER FUTTERPLAN			
	bis 1 Jahr	1–9 Jahre	ab 9 Jahre
Größe	kcal/je kg 3–4x tägl.	kcal/je kg 1x tägl.	kcal/je kg 2–4x tägl.
Toy-Pudel	160 kcal	ca. 90 kcal	60 kcal
Zwergpudel	135 kcal	ca. 75 kcal	55 kcal
Kleinpudel	90 kcal	ca. 60 kcal	50 kcal
Großpudel	80 kcal	ca. 50 kcal	40 kcal

Frischkost

Natürlich können Sie den Speiseplan zwischendurch mit Selbstgekochtem oder Frischfleisch variieren. Wenn Sie ausschließlich selbst zusammengestellte Mischungen verfüttern, sollten Sie sich mit Ihrem Tierarzt beraten, denn sehr leicht stimmt dann das für die Gesundheit lebensnotwendige richtige Phosphor-Kalzium-Verhältnis nicht mehr.

Zusatzfutter

Ob Drops oder Biskuits, Trockenpansen, luftgetrocknete Häute, Innereien und Knorpel, Kaustangen oder Snacks – denken Sie bei all diesen Leckerbissen daran, dass sie ebenfalls Kalorien und Nährstoffe enthalten und deshalb sparsam eingesetzt werden müssen. Kleine Leckereien tun bei der Erziehungsarbeit sehr gute Dienste, die harten getrockneten Sehnen und Häute beschäftigen die Kaumuskulatur und den Magen. Beide Zusatzmittel sind hundegerecht. Denn die Belohnung wirkt als Verstärker auf das Tun des Hundes.

ACHTUNG

Füttern Sie niemals rohes Schweinefleisch, das die tödliche Aujeszkysche Krankheit hervorrufen kann. Und geben Sie niemals rohe oder gekochte Knochen, die zu Splitterverletzungen, inneren Blutungen, zu Verstopfung oder schlimmstenfalls zu Darmverschluss führen können.

WICHTIG

Lassen Sie Ihren Hund nie mit vollem Magen toben: Gefahr von Magendrehung. Nach einer ausgiebigen Mahlzeit den Hund eine Stunde ruhen lassen.

Benutzen Sie keinen zu breiten Napf, sonst hängen die Ohren im Futter.

Der gepflegte Pudel

Ein Pudel haart nicht, was bedeutet, dass kein Fellwechsel stattfindet. Sie müssen Ihren Hund weder scheren noch frisieren, wenn Sie nicht mit ihm ausstellen wollen oder Ihnen die Trendschuren nicht gefallen. Aber Sie müssen ihn bei der Fellpflege unterstützen. Denn die feinen seidigen Locken verfilzen sonst. Vor allem in der Ohrenregion, um die Afterregion und am Bauch können sich regelrechte Klumpen bilden und zu Hautschäden bis zum Ekzem führen. Außerdem verliert die Lockenpracht ganz schnell an Glanz, wenn sich totes und lebendes Haar vermischen. Und schließlich bleiben in den dichten Locken Fremdkörper, Staub und auch Schädlinge hängen.

Täglich kämmen und bürsten

Das sollte schon der Welpe kennen lernen. Einmal am Tag gibt's Strei-cheleinheiten – erst mit der Hand, danach mit einer Drahthaarbürste, die – immer von Kopf in Richtung Rute – sanft durch die Locken fährt. Einmal pro Woche ist dann gründliches Bürsten und Kämmen auf dem Plan. Beginnen Sie am besten auf der Stirn, bearbeiten dann den Rücken, die Rute, die Läufe, den (oft kitzligen) Bauch und schließlich die Hals- und Ohrenregion sowie die Backen. Reagieren Sie nicht ungeduldig oder gar laut, wenn der Hund sich windet, strampelt oder Abwehrbewegungen zeigt. Und hören Sie erst recht nicht auf! Reden Sie ruhig mit ihm, streicheln Sie ihn ohne Bürste, und beginnen Sie erneut.

Baden ist manchmal notwendig

An der Notwendigkeit des Badens scheiden sich die Geister. Die Pu-delhaut und auch das Haar reagieren auf Chemikalien oft äußerst sensibel mit allergischen Reaktionen und/oder Rötungen bzw. Juckreiz. Unwiderlegbar verliert das Haar auch bei der Wäsche die schützende Fettschicht. Vermehrte Talgabsonderung ist oft die Folge. Andererseits lösen sich Schmutz und Flecken eben nur mit durch Shampoo mit Fettlöser. Und: Auch die erbittersten Gegner kommen um eine gründliche Dusche Ihres Pudels nicht herum, wenn der sich ein Schlamm-, Fluss-, See- oder Meerwasserbad gegönnt hat. Zu groß sind sonst die Risiken, dass sich giftige Stoffe im Haar festgesetzt haben und dieses mehr schädigen, als es ein pflegendes Bad kann.

Setzen Sie Ihren Pudel in eine Schüssel (oder die Badewanne) mit handwarmem Wasser (um 30°), das ihm höchstens bis zum Bauch reichen darf. Legen Sie eine Gummimatte in die Badewanne, damit Ihr Vierbeiner nicht immer ausrutscht.

Wählen Sie ein antiallergenes unparfümiertes schonendes Spezialshampoo (oder Babyshampoo). Halten Sie während der Kopfwäsche den Fang fest und achten Sie darauf, dass kein Shampoo in Augennähe kommt. Gründlich abspülen und erst mit einem Frotteetuch trockenrubbeln. Verhindern Sie, dass sich der nasse Hund im Badezimmer schüttelt, sonst »schwimmt« der ganze Raum.

Stellen Sie den Föhn auf die sanfteste Trockenstufe und halten Sie Abstand, damit ihn das Gebläse nicht erschreckt. Danach wird das Fell noch einmal kurz durchgebürstet. Bei kaltem Wetter sollte der Hund nach dem Baden nicht gleich ins Freie geführt werden, damit er sich nicht erkältet.

WICHTIG

Gewöhnen Sie schon den Junghund ab dem 6. Lebensmonat an die Badeprozedur, sonst haben Sie später immer wieder Probleme. Nach jedem Trocknen legen Sie eine Streichel- oder Spielphase ein, damit er merkt: Baden hat angenehme Folgen.

Pudel müssen regelmäßig gebürstet werden, sonst verfilzt das Haar.

Die verschiedenen Schuren

Die klassischen Schuren entstanden, als der Pudel ein reiner Arbeitshund war, aus zwei Gründen: Fellpflege erforderte unnötigen Aufwand, der geschorene Pudel brauchte weder Bürste noch Kamm. Als Wasser-Apportierhund waren geschorene Pudel schneller und wendiger im Wasser und verbrauchten weniger Energie. Andererseits sollten die erkältungsgefährdeten Körperteile geschützt bleiben und wurden deshalb belassen.

Wie Sie Ihren Pudel scheren und ob Sie sich selber in dieser Kunst üben wollen oder das einem erfahrenen Hundefriseur überlassen, ist Ihre Sache und eine Kostenfrage. Wer mit seinem Pudel auf Ausstellungen gehen will, muß eine der drei im Standard zugelassenen Schuren wählen:

Die traditionelle Löwenschur ist heute nur noch selten zu sehen.

❀ **Löwenschur:** Dabei wird an der Hinterhand bis zu den Rippen geschoren, dazu die Schnauze, die Region ober- und unterhalb der Augenlider, die Wangen, die Vorder- und Hinterläufe. Manschetten, Ringe und beliebige Muster können das Hinterteil zieren. Die Rute wird ebenfalls geschoren, bis auf einen runden oder länglichen Pompon. Bei der Löwenschur behält der Pudel einen Schnurrbart, an den Vorderläufen darf er ein Höschen behalten. Das Fell an den Behängen (Ohren) bleibt lang und auf dem Kopf haben die Hunde ein »Krönchen«. Das gilt allerdings für alle Schurarten.

❀ **Moderne Schur:** An den Hinter- und Vordergliedmaßen bleiben die Locken bis auf den unteren Teil, von den Krallen bis zum Karpalballen und die Zehen, wo geschoren wird. Der Pompon an der nicht kupierten Rute ist länglich und ähnelt ein wenig einer Flaschenbürste. Rücken, Brust und Bauch sind kurz geschoren. Die Übergänge sind fließend. Das Haar sollte allerdings harmonisch gekürzt sein. Diese Schurart wird auch häufig Schäfchenschur genannt.

❀ **Englische Schur:** Es wird wie bei der Löwenschur geschoren, aber ergänzend dazu entstehen Motive wie Ringe oder Manschetten an den Hinterläufen oder es wird auf dem Kopf ein Haarschopf gelassen. Diese Schurart sieht man bei uns auch auf Ausstellungen sehr selten.

Selber trimmen (scheren) oder Hundesalon?

Wer keine Übung im Scheren hat, sollte anfangs grundsätzlich entweder zum Züchter, der das Scheren beherrscht, oder zu einem pudelerfahrenen Hundesalon gehen. Geschoren wird grundsätzlich immer nach einem gründlichen Bad, anschließendem Trockenföhnen und Abschlussbürsten. Lassen Sie sich die von Ihnen bevorzugte Schur genau zeigen und verabreden Sie einen nächsten Termin (etwa nach drei Monaten), bei dem Sie dann unter den Augen des professionellen Trimmers Ihre erste Schur praktizieren.

Für regelmäßiges Scheren zu Hause brauchen Sie auf jeden Fall einen Frisiertisch, eine manuelle Spezialschere und eine Schermaschine. Diese Ausrüstung können Sie im Hundesalon kaufen oder auf großen Hundeausstellungen direkt vom Hersteller.

TIPP In den Sommermonaten sollten Sie die Pudellockenpracht auf jeden Fall kürzen oder Teile scheren, damit Ihr Pudel sich auch bei Hitze unbeschwert bewegen kann.

Die moderne Schur unterstreicht die elegante Haltung eines Pudels.

Regelmäßige Kontrollen

TIPP

Pudel haben zwischen den Zehenballen Haare, in denen sich beim Laufen oft kleine Steinchen, Split oder andere Fremdkörper verhaken. Wenn Ihr Pudel nach einem Spaziergang nicht die gewohnten tänzelnden Bewegungen zeigt, prüfen Sie die Ballenzwischenräume. Überwachsendes Haar schneiden Sie ab.

Beim Bürsten und Baden, erst recht beim Scheren, sollten Sie automatisch mit auf Veränderungen an Haut, Fell, Augen, Ohren, unter der Rute und an den Pfoten achten. Einmal im Monat ist ein gründlicher Body-Check empfehlenswert, der Ihnen mögliche Schäden oder beginnende Krankheiten so rechtzeitig zeigt, dass Sie wirkungsvoll gegensteuern können.

Die Augen

Vor allem bei den Toy- und Zwergpudeln kann es zu einer Verstopfung des Tränengangs kommen und einige von ihnen neigen auch zu Bindehautentzündungen. Heben Sie die Lider leicht an und prüfen Sie, ob die Bindehaut das gesunde Rosa zeigt, sich auf der Netzhaut weder ein Schleier noch eine Trübung finden. Zeigen sich im Fell unter den Augen leichte Rinnsalsspuren oder Tränenkrusten, können Sie diese mit einem feuchten weichen Tuch, das Sie in lauwarme Kamillenteelösung tauchen, entfernen (niemals Kamillelösung für Menschen nehmen, weil darin Alkohol ist).

WICHTIG

Pudel schwimmen gern und gut. Nach jedem Bad sollten Sie unbedingt Augen und Ohrmuscheln mit einem feuchten Wattebausch reinigen, denn dort besteht hohe Infektionsgefahr durch Keime, die sich im feuchten warmen Klima des Innenohres und der Lidspalten festsetzen.

Die Ohren

Wie bei allen Hängeohrrassen kann es auch beim Pudel zu Milbenbefall und zu einem gestörten Abgang des Ohrenschmalzes kommen. Winzige Fremdkörper rufen Juckreiz hervor, beim Kratzen infiziert sich der Hund oft mit Keimen, die dann zu Ohrekzemen führen. Bei Ihrer Ohrkontrolle drehen Sie die äußere Muschel um und reiben mit einem weichen Wildledertuch, das Sie mit einem Tropfen Öl getränkt haben, die Innenmuschel aus. Prüfen Sie bei dieser Gelegenheit immer, ob das Fell unter den Ohren kleine Knötchen bildet. Wer nicht auf Ausstellungen geht, kann Verdickungen einfach herausschneiden.

Die Krallen

Weil die Krallen standardgerecht so dunkel wie möglich sein sollen, ist das Schneiden Übungssache. Ein Pudel, der sich viel auf verschieden

strukturiertem Boden bewegt, nützt sich die Krallen meist selbst so
weit ab, dass sie gerade den Boden berühren. Sind die Krallen zu lang,
zeigen sie Risse oder entdecken Sie Fehlwachstum, müssen Sie schneiden. Mit einer Spezialclipschere (Zoofachhandel) kappen Sie die Spitzen
am einfachsten und schnellsten. Halten Sie die Pfote ins Licht, damit
Sie erkennen, wo der durchblutete Teil beginnt.

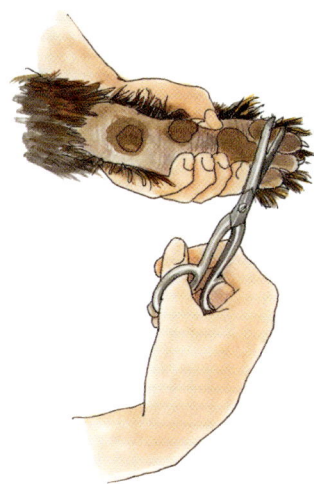

Die Zähne

Zahnstein und die folgende Zahnfleischentzündung sind leider bei allen
Hunden immer häufiger. Tierärzte raten zum täglichen Zähneputzen,
was allerdings nur in der Theorie wirklich immer klappt. Sie können
probieren, Ihrem Pudel nach seiner Mahlzeit das Gebiss mit Spezial-
bürste und Spezialpasta (schmeckt ihm gut, aus dem Zoofachhandel)
zu reinigen. Gegen Zahnsteinbefall wirkt auch das Abrubbeln mit einem
zitronensaftgetränkten Lappen. Doch bevor Sie Ihren Hund »vergewalti-
gen« und das Vertrauensverhältnis schweren Schaden leidet, greifen Sie
zu den im Handel und beim Tierarzt erhältlichen Zahnpflegeknochen,
die beim Kauen Fluor freigeben und gleichzeitig das Zahnfleisch mas-
sieren. Immer nach dem Füttern anbieten.

*Die überstehenden Haare
an den Unterseiten der
Pfoten regelmäßig ab-
schneiden.*

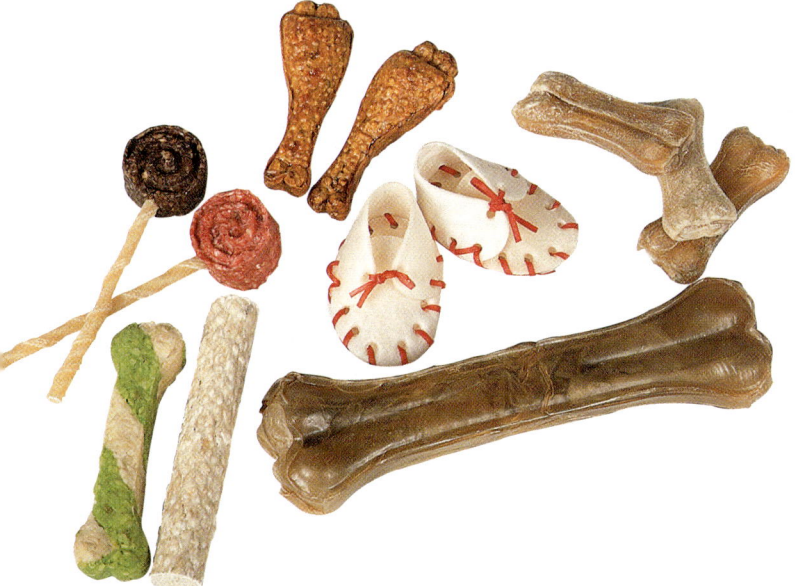

*Kauartikel aus Büffelhaut
sind eine gute Zahnpflege.*

Der Bewegungsbedarf

Natürlich braucht Ihr Pudel, egal welcher Größe, seinen täglichen Auslauf. Doch wenn Sie seinem Bewegungsbedürfnis wirklich gerecht werden wollen, müssen Sie mehr tun, als ihn beim Joggen oder neben dem Fahrrad eine Stunde lang vorwärts zu treiben. Pudel sind intelligent, sie sind harmonisch gebaut, die geborenen Sportler und »Denker«. Einseitiges Lauftraining gefährdet eben diese Harmonie von körperlicher und geistiger Gesundheit. Der Pudel braucht Bewegung verschiedenster Art und er braucht Anregungen für alle seine Sinne. Nur dann kann er seine Talente voll entwickeln.

Der tägliche Auslauf

Bis Ihr Pudel ein Jahr alt ist, der Großpudel sogar 18 Monate, vermeiden Sie Hetzjagden. Laufen neben dem Fahrrad sollte tabu sein, viele kurze Spaziergänge sind besser als ein langer. Erst der körperlich voll

Ein Großpudel läuft gerne neben dem Rad – aber bitte nicht zu schnell fahren.

entwickelte Pudel kann Muskeln und Skelett so synchronisieren, dass bei starker Beanspruchung keine Gesundheitsschäden oder Spätfolgen zu befürchten sind.

Insgesamt sollten sich Pudel in ihrer Wachstumsphase täglich rund 3 Stunden buchstäblich die Beine vertreten, also laufen, traben und kurze Sprints einlegen. Auf jeden Fall dürfen sie auch als Jungtiere nicht dauernd an der Leine geführt werden.

Der erwachsene Pudel kann zusätzlich zu den Inspektionsgängen, bei denen er sein erweitertes Revier abriecht, markiert und auf Neuheiten untersucht, zweimal je eine gute Stunde alle Muskeln trainieren. Bei den kleineren Pudeln reicht es, wenn Sie flott laufen oder joggen, beim Großpudel können Sie (gemächlich) in die Radpedale treten. Denken Sie dran: Sie haben keinen Windhund!

Der Kontakt mit anderen Hunden

Sie sind alles für Ihren Pudel, aber alle seine Bedürfnisse können Sie nicht befriedigen. Eines der elementarsten ist der Treff mit Artgenossen, in denen Körpersprache, Gesten, Mimik geübt werden. Bei solchen Kontakten schließen Hunde echte Freundschaften, sie legen innerhalb solcher Zufallsgruppen Rangordnungen fest und befehden neue, die dazustoßen. Ihr Pudel beansprucht dabei Muskeln, die sonst brachliegen, denn zu den Hunde-Begegnungsritualen gehören auch Bespringen, Scharren, Packen, Ausweichen, Kreise ziehen, Verfolgungsjagden mit Hakenschlagen und Ringkämpfe. Wo solche Treffs mit Vierbeinern in Ihrer Nähe stattfinden, erfahren Sie bei jedem Hundeverein, beim Tierarzt und im Zoofachgeschäft oder im Hundesalon.

> **WICHTIG**
>
> Pudel sind weder hitze- noch kälteempfindlich. Trotzdem gelten diese Regeln: An kalten Tagen mit langsamem Tempo beginnen, bis die Hundemuskulatur erwärmt ist. An heißen Tagen morgens und abends spazieren gehen und mittags eine Ruhepause einlegen.

> **IM URLAUB IMMER DABEI**
>
> Die großen Feriengebiete sind hundefreundlicher geworden. Hotels, die keine vierbeinigen Gäste wünschen, sind in der Minderheit. An fast allen Raststätten und Tankstellen gibt's Hundetränken. Viele Touristikzentren in ganz Europa stellen Hundestrände, Hundeloipen für Langläufer, Hundewiesen, sogar Hundesportplätze als Attraktion bereit. Die Reisebüros sind darauf eingestellt. Sie brauchen also niemals Ferien ohne Ihren Partner auf vier Pfoten zu machen, wenn Sie ihn von vornherein in Ihre Urlaubsplanung einbeziehen.

Wenn Sie züchten wollen

WICHTIG

Auch bei Hunden gibt es Liebe auf den ersten Blick und Abneigung fürs Leben. Nicht jede Hündin akzeptiert jeden Rüden, auch nicht in der Hochhitze.

Es ist nur natürlich, dass Sie stolz auf die Schönheit, Grazie, Eleganz und Klugheit Ihres Pudels sind und all diese außergewöhnlichen Eigenschaften über Nachwuchs erhalten wollen. Doch Züchten bedeutet auch viel Arbeit, immensen Zeitaufwand, finanzielle Opfer und es kostet Nerven. Denken Sie auch daran, dass Sie niemals die Garantie haben, allen Ihren Welpen einen wirklich guten Platz zu vermitteln und eventuell ein oder auch zwei Jungtiere weiter bei Ihnen leben werden. Und dass jede Zucht auch mit Risiken für die Mutter und erst recht ihre Babys verbunden ist. Sollte Sie das nicht abschrecken, dann gilt es zunächst, die vorgeschriebenen Regeln zu beachten.

Die Voraussetzungen

INFO

Für Deckrüden gelten ähnliche Bedingungen wie bei der Hündin. Um Ausstellungen, Zuchtgenehmigung und Vereinszugehörigkeit kommen Sie nicht herum.

Zunächst müssen Sie die Papiere Ihrer Hündin überprüfen und sich – am besten – beim im Stammbaum eingetragenen Verein als Mitglied anmelden. Denn Mitgliedschaft in einem der Pudelvereine verschafft Ihnen die Möglichkeit, an einer Ausstellung teilzunehmen und Ihr Tier von Richtern auf Gesundheit, Kondition, Standard und Wesen überprüfen zu lassen. Wenn Ihr Pudel alle Anforderungen erfüllt, bekommen Sie die Zuchttauglichkeit Ihres Pudels bescheinigt. Auch der Deckrüde muss natürlich von den Experten für zuchttauglich erklärt werden.

Die Welpen sind da

Ist alles glatt gegangen und Sie sehen Ihre Welpen samt der glücklichen Mutter im Körbchen liegen, müssen Sie den Verein benachrichtigen, damit ein Zuchtwart bei Ihnen vorbeischaut und die Babys begutachtet. Sie beantragen dann die Papiere für die Welpen, auf die die künftigen Besitzer ja Anspruch haben. Natürlich müssen die Kleinen die Grundimmunisierung erhalten und entwurmt werden. In den ersten Wochen werden Sie kaum Zeit für etwas anderes als Ihre Hundemutter und deren Kleine haben. In dieser Zeit sollten Sie auch schon nach Menschen Ausschau halten, denen Sie die

Kleinen später anvertrauen wollen und ihnen die Möglichkeit geben, schon die Babys zu besuchen. Alles in allem müssen Sie als Züchter pro Wurf mit einem Zeitaufwand von rund 12 Wochen (intensiv) und Kosten von einigen Tausend Mark rechnen. Bevor Sie sich auf das nervenstrapazierende und gleichzeitig fantastische Abenteuer einlassen, bedenken Sie auch, dass nicht immer alles glatt verläuft.

INFO

Hündinnen werden normalerweise ca. alle 6 Monate läufig. Die Hitze dauert knapp drei Wochen. Zwischen dem 10. und 12. Tag ist eine Belegung möglich.

SO VERHINDERN SIE UNGEWOLLTEN NACHWUCHS

❧ Sie lassen die Hündin kastrieren. Damit beugen Sie der häufigen Gebärmutterentzündung vor und verhindern gleichzeitig auf Dauer Nachwuchssorgen.

❧ Sie geben die Pille oder Antibabyspritze. Das können Sie unter tierärztlicher Aufsicht ein Hundeleben lang tun, dürfen es aber nicht unterbrechen, weil sonst der Hormonhaushalt außer Takt gerät.

❧ Sie lassen die Hündin während der Hitze nicht von der Leine und niemals aus Ihren Augen. Vermasseln Sie potenziellen Freiern die Spur, indem Sie kleine Hündinnen bis an die nächste Ecke tragen oder ins Auto setzen und ein paar Hundert Meter fahren. Dann hinterlässt sie keine Duftspuren.

An Mutters Seite macht der Ausflug in den Garten richtig Spaß.

Pudel sind gelehrige Schüler

Alle Pudel sind nicht nur intelligent, sondern enorm lernbegabt und -willig. Ihr ausgezeichnetes Gedächtnis und die Fähigkeit, logische Schlüsse zu ziehen, vereinfachen die Erziehung. Wenn Sie und Ihre Familie von Anfang an nach den gleichen Grundprinzipien arbeiten, kommen Sie ganz ohne Strafen zum Ziel.

Den Tunnellauf und andere Spiele lernen die Kleinen in einer Welpenschule ebenso wie den Umgang mit Artgenossen.

Wenn der Pudel bei Ihnen einzieht, sucht er Orientierungshilfe, Zuwendung und Regeln. Er ist dankbar für den kleinsten Hinweis, was richtig und was falsch ist und er beobachtet alle Signale ganz genau. Und er riecht buchstäblich, ob Sie fröhlich, nervös, ängstlich oder wütend sind. Täuschen können Sie Ihren Pudel also nicht. Aber Sie können ihn durch ein Augenzwinkern in seinem Tun bestärken und über ein Stirnrunzeln an unerwünschtem Tun hindern.

Die Welpenschule

Wenn Sie noch unerfahren in Hundeerziehung sind, melden Sie sich und Ihren Hund bei einem Welpenkurs an. Solche Welpenspielgruppen finden Sie bei den Vereinen, in Hundeschulen und auch über privat organisierte Hundefreundeskreise. Ihr Pudel lernt in Gesellschaft mit anderen Hundekindern vieler verschiedener Größen herumtoben und viele Situationen des Alltags kennen – laute Geräusche, Kindergeschrei, Fahrräder, bedrohlich aussehende Höhlen etc. Für Hundebesitzer sind die Stunden in der Gruppe sehr lehrreich, weil der erfahrene Trainer sie auf unbewusste Fehler im Umgang mit dem Welpen hinweist. Hundeerfahrene sollten nach Spielwiesen mit jungen Vierbeinern suchen.

Aller Anfang ist schwer

Bevor Sie darangehen, Ihrem Hund bestimmte Verhaltensweisen bei-
zubringen, verabreden Sie mit der Familie ein verstärkendes und ein
abschwächendes Wort: ein jubelnd gerufenes »Prima!«, »Toll!« oder
»Super!« als Ermunterung, ein knappes, scharf gezischtes »Nein!« oder
»Pfui!«, um von etwas abzuhalten.

Setzen Sie beides in Verbindung mit Körpersprache ein. Wenn Sie
sich freuen, lachen Sie dazu oder reißen Sie die Arme hoch. Wenn Sie
sauer reagieren, wenden Sie den Kopf vom Hund ab und ziehen die
Schultern hoch. Wenn alle Familienmitglieder sich daran halten, lernt
der Hund im ganz normalen Alltag, dass ganz bestimmte seiner
Handlungen Freude auslösen und das Interesse der Menschen auf ihn
lenken, andere dagegen Befremden bewirken und damit enden, dass
er von niemandem mehr beachtet wird. Die unglaubliche Wirkung
dieser beiden Reaktionen auf sein Verhalten werden Sie schon nach
wenigen Tagen feststellen.

Die Stubenreinheit

Der Welpe hat Darm und Blase noch nicht voll unter Kontrolle. In-
stinktiv sucht er nach einem Platz außerhalb des engsten Reviers, um
sich zu lösen. Dazu muss er aber auch die Möglichkeit haben, sonst
erziehen Sie ihn zur Unsauberkeit. Nach einer längeren Ruhepause,
also morgens direkt nach dem Aufstehen oder nach einer Schlummer-
stunde nachmittags, sollte der Hund die Chance haben, an einen ge-
eigneten Löseplatz zu gelangen. Auf erdigem oder mit Gras bewach-
senem Boden lösen sich Hunde lieber als auf steinigem. Abgesehen
davon, sollte er erst gar nicht damit anfangen, seine »Geschäfte« auf
Fußwegen zu verrichten. Wohnen Sie in einer Etagenwohnung müssen Sie ihn die Treppen hinunter- und herauftragen.

Auch rund 20 Minuten nach einer Hauptmahlzeit, beim Welpen also viermal pro Tag, muss der Hund hinauskönnen. Toy- und Zwergpudel haben einen schnelleren Stoffwechsel, sie wollen meistens schon
10 Minuten nach der Fütterung zum Löseplatz. Nach 6 Monaten ist
das Verdauungssystem so weit entwickelt, dass Ihr Hund auch längere
Pausen ohne Ausgang sauber übersteht.

An der Leine gehen

Halsband und Leine dürfen für den Hund niemals mit etwas Negativem verbunden sein. Legen Sie das Halsband (weiches Leder für den Welpen) an und streicheln und liebkosen Sie den Hund dabei. Passen Sie sich bei den ersten Spaziergängen an der Leine seinem Tempo an. Locken Sie ihn mit aufmunternden »Ja – komm!«, wenn er sich dem ungewohnten Zug widersetzt, aber ziehen Sie nie! Erst wenn der Welpe sich an den »verlängerten Arm« gewöhnt hat, bestimmen Sie Richtung und Tempo. Von da an aber immer. Eine gute Leinenführigkeit erleichtert Ihnen und Ihrem Hund das Leben

Damit der kluge Pudel nach dem Freilauf die Leine nicht als Signal für das Ende des Spaziergangs begreift und das Kommen auf Ruf solange es geht hinauszögert, sollten Sie ihn, wenn er sich anleinen lässt, anfangs mit einem Leckerbissen belohnen und ein kleines, extra dafür reserviertes Spiel mit ihm (angeleint) machen. Zunächst mit und später auch ohne Leine wird »Fuß!« (oder »Bei Fuß!«) geübt. Diese Übung erfordert ein wenig Geduld.

TIPP Im Rudel darf der Ranghöchste zuerst fressen, den besten Schlafplatz wählen, Tempo und Richtung beim Laufen bestimmen, Schlaf- und Wachzeiten festlegen. Machen Sie es wie ein Hundeboss, das versteht Ihr Pudel und respektiert Sie.

Schon der Welpe muss sich daran gewöhnen, an der Leine zu laufen.

Die wichtigsten Erziehungsziele

Vier Regeln muss Ihr Pudel so schnell wie möglich lernen, damit Sie ihn überall risikolos mitnehmen können. Er muss auf Ruf unbedingt kommen, sich sofort bis auf Widerruf setzen oder hinlegen, und er muss – schwerste aller Übungen – lernen, vertrauensvoll zu warten, wenn Sie sich entfernen. Beachten Sie die folgenden Grundregeln:

- 🐾 Üben Sie in winzigen Schritten, damit Sie Ihren jungen Hund nicht überfordern.
- 🐾 Beenden Sie niemals eine Übung, ohne dass der Hund sie ausgeführt hat.
- 🐾 Schimpfen Sie nie mit Ihrem Hund, wenn er etwas nicht getan hat.
- 🐾 Zwingen Sie sich zur Ruhe und helfen Sie Ihrem Hund, Ihren Wunsch zu erfüllen.
- 🐾 Sprechen Sie jedes Kommando nur einmal. Mit zwanzigmal »Komm!« und »Hier!« erzielen Sie den Gegeneffekt. Der Hund begreift, dass Sie sich bei ihm melden und empfindet nicht im geringsten, dass er zu Ihnen kommen soll.

»Komm!«

Die Übung »Sitz!« lernen Hunde recht schnell.

Das »Hier!« ist der bessere »Komm!«-Ruf, weil für uns Menschen lauter und bequemer auszusprechen und vom Hund intensiver zu hören. Genau bei diesem »Hier!« werden die meisten Fehler gemacht, die dann unweigerlich zu Riesenproblemen führen können. Gehen Sie mit Ihrem Hund auf eine Wiese oder ein Feldstück, wo er sich nicht auskennt und laufen Sie forschen Schrittes nach vorn. Läuft er weg, bleibt zurück oder tollt ein bisschen herum, lassen Sie ihn gewähren.

Erst nach ein paar Minuten rufen Sie mit verheißungsvoller lockender Stimme einmal laut seinen Namen und »Hiiier!". Wenn er sich Ihnen zuwendet, gehen Sie in die Knie, als wollten Sie ihn in die Arme schließen. Reagieren Sie nicht ärgerlich, wenn er sich wieder abwendet, sondern beschäftigen Sie sich ganz offensichtlich mit etwas auf dem Boden: einem Spielzeug, einer Blume, einem Aststück, und wenn der neugierig gewordene Pudel dann kommt, unterstützen Sie seinen Lauf zu Ihnen mit einem lockenden »Hier!« und freuen sich, wenn er an Ihrer Seite ist. Gemeinsam sollten Sie dann ein Wettrennen veranstalten oder Sie lassen ihn einen Ball jagen oder stecken ihm einen Leckerbissen zu. Nach fünf bis sechs Wiederholungen hat er das »Hier!« und die aufregend, schönen Folgen seines Kommens kapiert.

»Sitz!«

»Sitz!« gehört zu den Grundkommandos, die Sie beeinflussen können und die Ihre Autorität stärken. Bereits der Welpe lernt es leicht und schnell. Am besten verknüpfen Sie das Kommando mit dem freiwilligen Setzen des Hundes bei allen Gelegenheiten. Probeweise können Sie schon nach ein paar Tagen das »Sitz!« fordern und dabei den Hund sanft mit Ihrer Hand auf seiner Kruppe dazu animieren.

»Platz!«

Dieses Kommando lernt Ihr Pudel auf zweierlei Weise. Anfangs zeigen Sie ihm mit der Hand eine Belohnung oder ein Spielzeug, wenn er sitzt und bedeuten ihm sanft und ruhig »Platz!«. Fast alle Hunde schieben dann die Vorderläufe nach vorne. Wenn das »Platz!« aus dem »Sitz!« heraus gelernt ist, benutzen Sie das gleiche Signal mit einem ausgestreckten Arm, der dem Hund bedeutet, wo er Platz machen soll.

»Bleib!«

Das ist keine hundegerechte Übung, weil Sie das Rudeltier dazu verdonnert, statt Anschluss zu halten, diesen aufzugeben. Aber Ihr Pudel muss lernen, dass Sie ihn nie lange verlassen und immer wiederkommen. »Bleib!« lernen Hunde am ehesten nach der Platzübung. Wenn Ihr Pudel ruhig daliegt, Sie aber nicht aus den Augen lässt, strecken Sie ihm beide Handflächen entgegen, bedeuten ihm ruhig und souverän »Bleib!« und gehen gleichzeitig einen Schritt rückwärts. Bleibt er, loben Sie kurz und rufen ihn dann mit einem fröhlichen »Hier!« zu sich, streicheln und tätscheln ihn. Beim nächsten Mal gehen Sie zwei Schritte, dann drei usw. Wenn der Hund aufspringt, laufen Sie sofort auf ihn zu, sodass er zurückweichen muss und lassen ihn unbedingt wieder »Platz!« machen. Aber nie schimpfen! Sobald das »Bleib!« nach dem »Platz!« klappt, verlassen Sie probeweise kurz das Zimmer, das Auto, den Weg. Und machen Sie eine richtige Szene aus dem »Wiedersehen«.

ACHTUNG

Jedes Kommando, das den Hund ruhig stellen soll, also »Sitz!«, »Bleib!«, »Platz!« usw. müssen Sie mit seelenruhiger Stimme aussprechen. Jede Schärfe oder erhöhte Lautstärke, jeder nervöse Unterton bewirkt das Gegenteil Ihres Wunsches. Der Hund wird unruhig, hektisch und nervös.

Bei der Übung »Platz!« müssen Sie Geduld haben.

Weiterführende Ausbildung

Wenn Ihr Pudel etwa acht Monate alt ist, kennen Sie seine besonderen Talente und wissen auch, was Sie künftig mit Ihrem Hund unternehmen wollen. Davon hängt die weiterführende Erziehung ab. Sie können sich mit Ihrem Pudel bei einer Hundeschule anmelden, sich einer Gruppe Gleichgesinnter anschließen und zusammen trainieren oder in einem Verein Hundesport betreiben.

Natürlich kann Ihr Pudel auch die hohe Schule des Rettungs-, Such-, Wasserrettungs-, Fährten-, Hüte-, Blindenführ- oder Behindertenbegleithundes absolvieren. Es gibt auch Großpudel, die alle drei Schutzhundeprüfungen absolviert haben, doch ist die Rasse nicht unbedingt für diese harte Ausbildung geeignet. Doch vor all diesen Spezialtrainings steht die Begleithundeprüfung, auf der alle anderen Lehrgänge aufbauen.

Der Begleithund

Die Ausbildung zum Begleithund umfasst das verkehrssichere Verhalten, das Bei-Fuß-Gehen und Ablegen mit und ohne Leine, das Passieren anderer Hunde, die unbedingte Konzentration auf den »Führer« trotz Ablenkungsmanövern. Sie wird von allen Hundeschulen, in fast allen Rassehundevereinen und sonstigen Hundevereinen angeboten. Es ist sinnvoll, die Begleithundeausbildung zusammen mit anderen zu machen, weil Ihr Pudel dann schon im Training lernt, was er im Ernstfall können muss: Konzentration auf Sie und Ihre Wünsche. Zum Begleithund lassen sich alle Pudel ausbilden, auch die Toys und die Zwerge.

Hundesport

Die bekannteste der Hundesportarten ist Agility, ein Geschicklichkeitsspiel, bei dem es auf schnelle Reaktion, Geschwindigkeit und Konzentration ankommt. Ihr Pudel muss dabei verschiedene Hürden überspringen, Schrägwände und Stege bewältigen, durch zwei verschiedene Tunnels schlüpfen und einen Slalom laufen. Alle vier Pudelvarietäten sind dazu prädestiniert, weil Agility in zwei Kategorien, der

WICHTIG

Aktiven Hundesport darf nur der vollkommen ausgewachsene Pudel betreiben. Falscher Ehrgeiz des Menschen schadet der Hundegesundheit. Trainieren Sie vor den Hindernissen lieber die Kondition durch Joggen und kleine Wettrennen mit Ihrem Pudel.

Standard- und der Mini-Kategorie betrieben wird. Dank ihrer Intelligenz und Sportlichkeit ist die Rasse in Agility sehr erfolgreich.

Wenn Sie selbst gerne aktiv sind, ist Turnierhundesport für Sie und Ihren Pudel empfehlenswert, denn dabei sind beide gefordert. Beim Turnierhundesport ist auch ein Hindernisparcours zu bewältigen (für Mensch und Hund), aber das gemischte Team muss auch gemeinsam kleine Marathons absolvieren.

Obedience und Mobility sind zwei weitere bei uns nicht ganz so bekannte Sportarten, die den ganzen Pudel (und seinen Menschen fordern) und sich für ein fortgeschrittenes Team eignen.

Flyball, ein Mannschaftssport, bei dem je zwei Hundeteams mit jeweils vier Paaren gegeneinander antreten, baut auf den Jagd- und Apportiertrieb der Hunde auf. Sie müssen über einen Hindernisparcours zu einer Ballmaschine laufen, dort per Hebeldruck einen Tennisball katapultieren und fangen, dann über den Parcours zurück zu ihrem Menschen bringen, bevor der nächste Hund starten darf. Wenn Ihr Pudel das Spiel begriffen hat, wird er einen Riesenspaß daran haben und enormen Ehrgeiz entwickeln.

> **TIPP** In fast allen Hundevereinen gibt es so genannte Spieltage, in denen Hunde verschiedener Rassen und Altersgruppen auf großen Plätzen die artspezifischen Verhaltensweisen ausleben können. Wenn Ihr Pudel sonst nicht oft mit seinesgleichen toben kann, sollten Sie ihm so eine Möglichkeit bieten.

Agility und andere Hundesportarten sind für die intelligenten Pudel die richtige Herausforderung.

Vorbeugen ist besser als heilen

Als Rasse mit der durchschnittlich höchsten Lebenserwartung sind Pudel nicht nur mit einem hervorragendem Immunsystem ausgestattet, sondern aufgrund von Körperbau und dank Zuchtsorgfalt nicht anfällig für Krankheiten. Mit artgerechter Ernährung und Bewegung unterstützen Sie diese Veranlagung.

Alles in Ordnung! Lassen Sie Ihren Hund einmal im Jahr gründlich durchchecken, um Krankheiten frühzeitig zu erkennen.

Solange Ihr Pudel sein Gewicht hält, mit Appetit frisst, unabhängig von den Jahreszeiten sich gern draußen wie drinnen bewegt und keine auffallenden Verhaltensänderungen zeigt, genügt es, wenn Sie ihn einmal pro Jahr Ihrem Tierarzt vorstellen. Lassen Sie das Blut und eventuell auch eine Kotprobe untersuchen und das Gebiss begutachten. Außerdem wird der Tierarzt das Skelett des Tieres abtasten, Augen und Ohren überprüfen und die Haut auf mögliche Schwachstellen. Er kann Blutdruck messen und den Herzrhythmus abhören, bei Rüden die Hoden und die Analbeutel, bei Hündinnen die Gebärmutter auf Aufflälligkeiten untersuchen.

Krankheiten rechtzeitig erkennen

Durch diese regelmäßigen Vorsichtsmaßnahmen können Sie sicherstellen, dass mögliche Erkrankungen frühzeitig bemerkt werden. Je eher ein Gegensteuern, eine Soforthilfe oder – bei chronischen Leiden – eine langfristige Therapie eingeleitet werden können, desto größer sind die Chancen für eine Heilung oder Besserung. Ihr Tierarzt führt auch genau Buch über diese Checks, und stellt Veränderungen gegenüber dem vorigen Besuch dadurch sofort fest.

Regelmäßig impfen

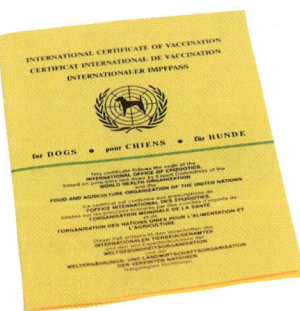

In den internationalen Impfpass trägt der Tierarzt alle Impfungen ein.

Die erste Impfung erhält der Welpe mit der Muttermilch. In der so genannten Kolostralmilch der ersten 48 Stunden gibt die Mutter Antikörper gegen alle Infektionskrankheiten, mit denen sie sich auseinander setzen musste, weiter. Dieser mütterliche Impfschutz hält, solange der Welpe noch saugt. In den nächsten Wochen ist er dann weitgehend ungeschützt, ein Grund, weshalb seriöse Züchter ihn während dieser Phase nicht mit fremden Hunden zusammenlassen. Die Grundimmunisierung erfolgt bei den Welpen meistens in der achten Lebenswoche. Sie schützt gegen Staupe, Hepatitis, Leptospirose, Parvovirose und muss nach vier Wochen wiederholt werden. Jedes Jahr wird die Impfung aufgefrischt. Gegen Tollwut wird der Welpe im Alter von 12 Wochen geimpft und danach alle Jahre wieder.

Aus dem Ausland exportierte oder bei Massenzüchtern geborene Welpen erhalten meistens Schutzspritzen, die das körpereigene Immunsystem schützen sollen, eine so genannte passive Immunisierung. Doch das sind keine Impfungen. Wenn Sie einen solchen Welpen erhalten haben, lassen Sie ihn unbedingt so schnell wie möglich impfen!

Weitergehende Impfungen

Wenn Sie mit Ihrem Pudel auf Ausstellungen gehen wollen oder viel bei Vereinssport oder Ausbildung tätig sind, empfiehlt sich eine Impfung gegen den so genannten Zwingerhusten, der in letzter Zeit wieder gehäuft auftritt.

Eine ganz neue Impfung schützt den Hund gegen die gefährliche Borreliose, die hautpsächlich durch Zeckenbisse übertragen werden kann. Die Impfung ist dann angebracht, wenn Sie mit Ihrem Hund in Gebieten leben, wo Borreliose verbreitet ist oder ab und an dorthin fahren. Der Borreliose-Erreger trat früher hautpsächlich in den mediterranen Gebieten auf, ist heute jedoch bis Norddeutschland vorgedrungen. Vor allem, wenn Sie planen, in südlichen Ländern Urlaub mit dem Hund zu machen, sollten Sie Ihren Tierarzt auf die zusätzliche Impfung ansprechen.

ACHTUNG

Nur ein gesunder Hund kann über den Impfstoff Antikörper entwickeln. Vor den Impfungen deshalb unbedingt Gesundheit checken lassen.

WICHTIG

In fast allen Ländern ist bei der Einreise mit dem Hund eine gültige Tollwutimpfung Pflicht. Die aktuellen Bestimmungen bekommen Sie bei Ihrem Tierarzt oder beim ADAC. Bedenken Sie, dass die Impfung auch bei der Einreise nach Deutschland den hiesigen Vorschriften entsprechen muss.

Erste Anzeichen erkennen

Beobachten Sie Ihren Hund genau. Oft deuten Veränderungen in seinem Verhalten auf eine beginnende Erkrankung hin:

- Trinkt der Hund mehr als sonst? Eine Nierenleiden kann der Grund sein.
- Hält Appetitlosigkeit länger als 2 Tage an, gehen Sie unbedingt zum Tierarzt.
- Erbrechen und Durchfall sind ernst zu nehmen. Fragen Sie Ihren Tierarzt.
- Eine heiße, trockene Schnauze deutet auf Fieber hin. Fieber ist immer ein Anzeichen für eine Erkrankung. Die Normaltemperatur eines Hundes liegt bei 38,5 °C.
- Atmet der Hund schwer und hechelt, bringen Sie ihn sofort zum Tierarzt.
- Kontrollieren Sie bei der Fellpflege immer die Haut. Sie ist bei allen Hunden recht empfindlich.

Wenn der Hund krank ist: Tabletten möglichst tief in die Schnauze schieben oder versteckt in einem Leckerbissen verabreichen.

Fieber wird im After gemessen. Eine zweite Person sollte den Hund dabei festhalten.

Flüssige Medizin spritzt man seitlich in die Schnauze. Anschließend die Schnauze zuhalten und den Kopf nach oben strecken, bis der Hund schluckt.

Die lästigen Parasiten

Trotz bester Hygiene und rigoroser Vorsichtsmaßnahmen wird Ihr Pudel sich im Laufe seines Lebens mehrfach mit Ekto- und Endoparasiten auseinander setzen. Die gefährlichsten Schmarotzer außerhalb des Körpers sind Zecke und Floh, die ärgsten inneren Schmarotzer die Bandwürmer.

Zecken lassen sich auf ihre Opfer fallen

Sie lauern an den ersten warmen Tagen auf ihre »Wirte«, die sie an der ausstrahlenden Körperwärme erkennen. Sie sind direkt nach dem Befall kaum auszumachen und erst erkennbar, wenn sie sich vollgesaugt haben. Das Blutsaugen an sich ist für einen gesunden Pudel ungefährlich. Doch bei Massenbefall kann es zu allergischen heftigen Reaktionen kommen. Außerdem kratzt der Hund sich, um den Juckreiz an der Bissstelle zu lindern und riskiert so eine Entzündung der Wunde bis hin zu einem Ekzem.

Zecken sind auch Überträger gefährlicher Infektionskrankheiten wie der Borreliose und der damit verwandten Lyme Disease. Schon allein deshalb sollten Sie vorbeugen und bei Befall die Schmarotzer mit einer Zeckenzange entfernen. Am einfachsten entfernt man die Zecken mit einer Zeckenzange. Kein Öl oder Ähnliches auf die Zecke träufeln, das verstärkt nur ihren Biss. Zur Vorbeugung gegen Zeckenbefall gibt es Halsbänder und Tropfen, die man auf die Haut gibt, Pumpsprays und Puder.

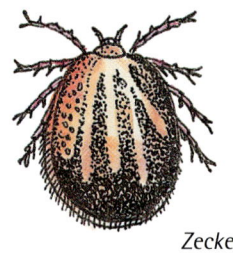

Zecke

Flöhe springen von Hund zu Hund

Sie sind extrem schwer zu bekämpfen, weil sie nicht nur an ihrem Wirt, also dem Pudel bleiben, sondern auch die gesamte Umgebung, in der er sich aufhält, mit Eiern und Larven verseuchen, die in der geheizten Wohnung jahrelang ohne Wirt bleiben können.

Wieder ist der Flohstich selbst nicht gefährlich, aber bereits ein einziger Floh kann sich explosionsartig vermehren. Flohstichallergien nehmen bei Hunden deutlich zu und auch Flöhe sind Überträger gefährlicher Infektionen. Die Tiermedizin hält allerdings inzwischen

Floh

wirksame Waffen bereit, die nicht nur den Blutsauger selbst abtöten, sondern auch sich später aus Ei und Larve entwickelnde Schmarotzer unfruchtbar machen und/oder bereits Eier und Larven töten. Es genügt aber nicht, nur den Hund damit zu behandeln. Auch die anderen mit ihm lebenden Tiere z. B. die Katze und die Schlaf-, Liege- und Ruheplätze müssen entseucht werden. Weil sich der Hund aber bereits beim nächsten Spaziergang wieder einen Floh holen kann, sollten Sie auch nach erfolgreicher Bekämpfung massiven Befalls mit Puder, Halsband, Tabletten und/oder Tropfen einem erneuten Befall vorbeugen. Immens wichtig wird die Vorbeugung gegen Zecken, Flöhe und sogar Mücken, wenn Sie mit Ihrem Hund in südlichen Urlaubsländern Ferien machen wollen. Dort können Flöhe und Mücken den Hund mit tropischen, lebensbedrohenden Krankheiten infizieren.

Würmer sind gefährlich

Fast alle Hunde werden bereits mit ihren Endoparasiten, meist Spulwürmern, geboren. Im Laufe ihres Lebens ist die Wahrscheinlichkeit, dass sie sich erneut mit Würmern auseinander setzen, nahe 100 %, sodass Sie um eine Kotprobe und – bei positivem Ergebnis – um eine Wurmkur nicht herumkommen.

Während Spul-, Haken-, Peitschen- und Fadenwürmer nur bei massiver Verwurmung gefährlich werden können, sind Bandwürmer lebensbedrohend. Andererseits belastet jede Wurmkur den Organismus des Hundes stark, sodass die früher oft empfohlene Wurmkur zwei- bis viermal im Jahr manchmal mehr schadet als nutzt.

Jeder Wurmbefall lässt sich über eine Kotprobe nachweisen und die können Sie – wenn Sie sich Sorgen machen – so oft sie wollen, zum Tierarzt bringen. Wurmkuren gibt es als Tabletten, in Pastenform und als Tropfen beim Tierarzt. Ein neues Medikament in Ampullenform soll sogar kombinierten Zecken-, Floh- und Wurmschutz bieten.

Der in den Medien oft erwähnte Fuchsbandwurm, gegen den es für Menschen noch keine Möglichkeiten der Vorbeugung gibt, kann auch für befallene Hunde sehr gefährlich, jedoch mit der normalen Bandwurmkur erfolgreich bekämpft werden. Der Fuchsbandwurm kommt vor allem beim Fuchs vor. Die Glieder und Eier werden mit dem Kot ausgeschieden.

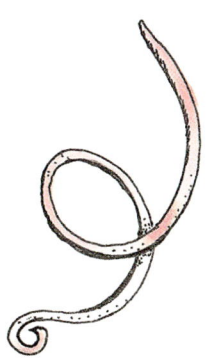

Spulwurm

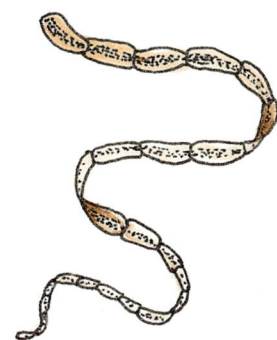

Bandwurm

Angeborene Krankheiten

Zwar sind Pudel, wie bereits erwähnt, robust und wenig anfällig für Krankheiten, doch vor allen Übeln sind sie auch nicht gefeit. Einige Krankheiten sind erblich. Haben sie sich bei einem Tier herausgestellt, darf nicht mit ihm gezüchtet werden.

Netzhautdegeneration (PRA)

Vor allem bei Toy-, Zwerg- und Kleinpudeln tritt diese fortschreitende Netzhautablösung auf (Progressive Retina Athrophy = PRA). Der Krankheitsverlauf ist sehr langsam und der Hund gewöhnt sich zunächst ganz gut an seine stetig abnehmende Sehfähigkeit. Deshalb bemerkt man diese Erkrankung nicht gleich. Sie führt unweigerlich zu Erblindung.

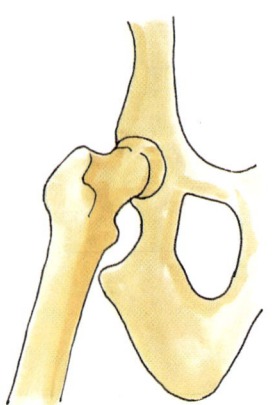

Bei einem gesunden Hüftgelenk passen Gelenkkopf und -pfanne genau ineinander.

Hüftgelenksdysplasie (HD)

Diese Deformation des Gelenkkopfes und der Gelenkpfanne ist bei Pudeln recht selten. Großpudel sind davon eher betroffen als Klein- oder Zwergpudel. Bereits im Alten von 12 Monaten kann man durch Röntgenaufnahmen die Veranlagung für HD feststellen. Ist Ihr Pudel davon betroffen, sollten Sie keinen anstrengenden Sport mit ihm betreiben. Allerdings darf er auch nicht unterfordert werden. Trainieren Sie seine Gelenke und Muskeln maßvoll. Heute kann HD operiert werden. Der Hund bekommt ein neues Hüftgelenk.

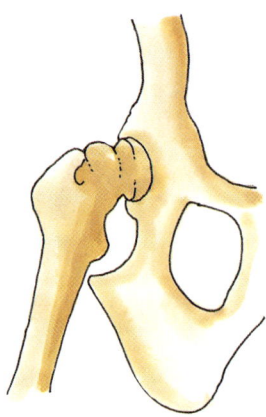

Bei Hüftgelenksdysplasie ist die Gelenkpfanne abgeflacht. Arthrotische Verformungen sind die Folge.

Epilepsie

Krampfartige Anfälle haben verschiedene Ursachen. Sie können durch Schock oder durch Gifte ausgelöst werden. Pudel leiden aber auch unter echter Epilepsie. Bei diesen periodisch auftretenden Anfällen verkrampfen sich alle Muskeln, der Hund ist während des Anfalls nicht bei Bewusstsein. Ist der Anfall vorüber, bewegt sich der Hund manchmal etwas steif, weil ihm alle Muskeln wehtun. Epilepsie kann man durch Medikamente, auch durch homöopathische Mittel, gut in den Griff bekommen. Eine Heilung ist nicht möglich.

Perthes'sche Erkrankung

Diese krankhafte Veränderung des Oberschenkelkopfes, hervorgerufen durch eine ungenügende Blutzirkulation im Hüftbereich während des Wachstums, tritt schon im ersten Lebensjahr auf und macht sich durch Lahmheit bemerkbar. Der Hund hat beim Laufen oft starke Schmerzen. Betroffen sind vor allen die kleinen Pudelarten. Eine Behandlung mit Schmerzmittel ist notwendig, in besonders schweren Fällen kann auch eine Operation helfen.

Patella-Luxation

Bei dieser Erkrankung verschiebt sich die Kniescheibe. Veränderungen des Knochens und Schwäche der Muskeln und Bänder sind die Ursache. Betroffen sind vor allem Toy-, Zwerg- und Kleinpudel. Diese Verrenkung der Kniescheibe tritt in unterschiedlichen Zeitabständen auf, von mehrmals täglich bis mehrmals wöchentlich oder monatlich – je nach Schwere des Defektes. In schweren Fällen kann eine Operation helfen. Bei leichtem Befall schont der Hund den befallenen Lauf. Der Tierarzt kann mit entzündungshemmenden, schmerzstillenden Medikamenten gegensteuern. Leistungssport und andere außergewöhnlichen Anstrengungen müssen natürlich entfallen.

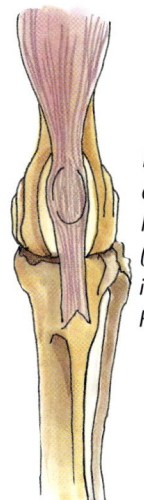

Hier befindet sich die Patella (Knieschiebe) in korrekter Position.

ABSCHIED NEHMEN

Auch ein langes Pudelleben geht einmal zu Ende. Wenn Ihr treuer Freund sichtbar leidet und sich nur noch quält, müssen Sie den schweren Schritt tun. Lassen Sie ihn in seiner letzten Stunde nicht allein. Er hat Sie viele Jahre treu begleitet, war ihnen ein zuverlässiger Partner und hat Ihnen sicherlich auch in weniger glücklichen Stunden mit seinem fröhlichen Wesen und seiner Anhänglichkeit geholfen. Zeigen Sie ihm Ihren Kummer nicht, der sensible Pudel würde sofort erkennen, dass Sie traurig sind.

Fragen Sie Ihren Tierarzt, ob er zu Ihnen ins Haus kommt. Der Weg in die Praxis ist für den Hund immer mit einem negativen Erlebnis verbunden. Ersparen Sie ihm diesen Stress. Haustiere dürfen im Allgemeinen im Garten begraben werden, wenn das Grundstück nicht in einem Wasserschutzgebiet liegt. Fragen Sie sicherheitshalber bei Ihrer Stadtverwaltung nach. In vielen Städten gibt es auch Tierfriedhöfe oder Krematorien, in denen das Tier verbrannt und die Urne mit der Asche Ihnen überlassen wird.

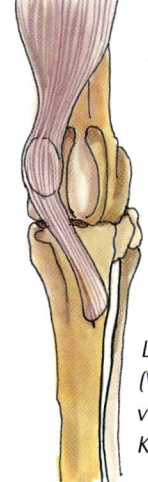

Bei einer Luxation (Verrenkung) verrutscht die Kniescheibe.

Was du im Umgang mit deinem Pudel beachten musst

 Ärgere deinen Vierbeiner nie und lass auch nicht deine schlechte Laune an ihm aus. Er ist auch kein Spielzeug, sondern ein Lebenwesen, dass du respektieren musst. Behandele ihn so, wie du auch behandelt werden möchtest. Er will dein bester Freund sein, dem du all deine Sorgen erzählen kannst.

GRRR....

Wenn er gerade frisst oder an einem Kauknochen nagt, darfst du ich nicht stören. Du würdest es auch nicht mögen, wenn du etwas Leckeres auf dem Teller hast und ein anderer will es dir wegnehmen.

Wenn du beim Essen sitzt, gib deinem Hund keinen Happen, auch wenn er dich noch so hungrig ansieht. Hat er einmal etwas bei Tisch bekommen, wird er immer wieder darum betteln. Das kann ganz schön nerven!

Ein Spaziergang ist für deinen Pudel so spannend, wie für dich ein Abenteuerfilm. Er schnüffelt überall herum, weil es so interessant nach anderen Hunden riecht. Er weiß dann genau, welcher seiner Freunde schon vor ihm da war. Lass ihm die Freude und zieh ihn nicht rücksichtslos hinter dir her.

Vorsicht!
Auch ein großer Pudel ist kein Reittier! Er ist viel zu schwach, um dich zu tragen. Nur deinen Teddy darfst du auf seinen Rücken setzen.

Wie viel Kraft hat dein Pudel?

Der Großpudel ist sehr stark, während der Toy-Pudel ein Federgewicht ist. Der Großpudel kann dir, ohne es zu wollen, im Spiel wehtun. Umgekehrt kannst du einem kleinen Pudel aus Versehen wehtun. Wie stark dein Pudel ist, kannst du selber testen. Aber das solltest du tun, wenn ein Erwachsener dabei ist.

 ### Tauziehen
Nimm ein altes Handtuch. Du ziehst an einem Ende, dein Pudel am anderen. Sei aber vorsichtig mit einem kleinen oder jungen Hund. Wer ist stärker?

Wettlauf
Ein Erwachsener oder ein Freund hält ein Spielzeug hoch. Du stellt dich mit deinem Pudel in einiger Entfernung auf und hältst ihn fest. Auf das Kommando »Los!« lässt du ihn laufen und rennst mit ihm zu dem Erwachsenen. Wer ist schneller?

 ### Vorsicht!
Wenn du mit deinem Pudel an der Leine unterwegs bist, soll immer ein Erwachsener dabei sein. Auch ein ganz prima erzogener Hund kann plötzlich an der Leine zerren und wenn du die Leine nicht loslässt, fällst du vielleicht hin. Und wenn du die Leine loslässt, läuft dein Hund vielleicht auf die Fahrbahn und wird überfahren oder verursacht einen Unfall.

Die Vorfahren aller Hunde sind Wölfe

Als die Menschen noch nicht in Städten und Dörfern wohnten, und sich durch Sammeln, Fischen und Jagen ernährten, fanden Wolf und Mensch zueinander, weil jeder vom anderen profitierte. Die zahmsten der Wolfsjungen blieben bei den Frauen und Kindern, spielten mit ihnen, bewachten sie, warnten vor Eindringlingen und wärmten sie nachts. Wenn die Jungen älter waren, begleiteten sie die Menschen, wie früher ihre Mitwölfe im Rudel, bei der Jagd.

Warum sehen die Hunde heute so verschieden aus?

Es gibt ganz unterschiedliche Wölfe auf der Welt mit weißem, schwarzem, grauem, braunem oder aus all den Farben gemixtem Fell. Im kalten Gebieten ist das Fell dicker, in warmen dünner.

Weil die Menschen immer nur die Wölfe miteinander Nachwuchs bekommen ließen, die für sie am nützlichsten waren, veränderte sich im Lauf der Jahrhunderte das Aussehen der Wölfe. Sie wurden zu Hunden, große, kleine, mit verschiedenen Fellfarben. Sie ent-

wickelten immer neue Talente und bald konnte man ihnen ansehen, wofür sie am meisten taugten. Hunde für die Hetzjagden waren schlank, mit langen Beinen. Beschützer waren riesengroß und bärenstark, aber langsam. Treiber von Herden waren mittelgroß und hatten nicht so spitze Köpfe, dafür kraftvolle Zähne. Aber alle Hunde, große, kleine, kräftige, schlanke, lockige, glatthaarige sind im Wesen noch Wölfe und sie benehmen sich ab und zu auch noch so.

Wer ist hier der Boss?

Bei Wölfen gibt's immer nur einen, der das Sagen hat und alle anderen Wölfe in dem Rudel müssen das tun, was er will. Für deinen Pudel bist du und deine Familie das Rudel. Und wenn dein Hund sich sehr stark fühlt, wird er versuchen, bei euch der Chef zu sein.

 Wenn ihr ihm das erlaubt, geht es bei euch so zu: Dein Hund tut, was er will, gehorcht nicht, zerrt immer an der Leine und springt überall rauf. Es macht gar keinen Spaß, etwas mit ihm zu unternehmen.

So klappt das Familienleben besser: Bei dir zu Hause sind dein Papa und deine Mama die Bosse. Du und dein Pudel stehen in der Rangordnung etwas weiter unten. Dein Pudel wird dir nicht immer gehorchen wollen, weil er denkt, er steht mit dir auf einer Stufe. Das darfst du nicht zulassen. Gib ihm klare Anweisungen, aber nur dann, wenn du die Zeit und Geduld hast, auf die Ausführung deiner Kommandos zu warten. Lass dir bei der Erziehung von deinen Eltern helfen.

Serviceseiten

Wichtige Adressen

Deutschland
Deutscher Pudel-Klub e.V.
Am Dock 1
26789 Leer
Tel: 04 91 / 6 48 37 + 6 48 63
Fax.: 04 91 / 6 48 03
E-Mail: info@deutscher-pudel-klub.de
Internet: http://www.Pudel-Klub.de

Verband der Pudelfreunde
Deutschlands e. V.
Postfach 144
21521 Wohltorf
Tel.: 0 41 04 / 20 95
Fax.: 0 41 04 / 96 15 70

Allgemeiner deutscher
Pudelclub e. V.
Paumannstraße 2
90469 Nürnberg
Tel.: 09 11 / 48 41 43
Fax: 09 11 / 4 80 17 36

Deutsches Haustierregister
Baumschulallee 15
53115 Bonn
Tel.: 0 18 05 / 23 14 14

Verband für das Deutsche
Hundewesen e. V. (VDH)
Westfalendamm 174
44141 Dortmund
Tel.: 02 31 / 56 50 00
Fax.: 02 31 / 59 24 40
E-Mail: info@vdh.de
Internet: http://www.vdh.de

Österreich
Österreichischer Club der
Pudelfreunde
In der Gugl 6
A-3400 Klosterneuburg
Tel.: 0 22 43 / 3 29 81

Österreichischer Kynologen-
verband (ÖKV)
Johann-Teufel-Gasse 8
A-1238 Wien
Tel.: 01 / 8 88 70 92
Fax.: 01 / 8 89 26 21
E-Mail: office@oekv.at
Internet: http://www.oekv.at

Schweiz
Schweizerischer Pudel-Club
Wildparkstraße 5
CH- 4656 Will-Starrkirch
Tel. + Fax: 0 62 / 295 29 58
E-Mail: Werhonig@bluewin.ch

Schweizerische Kynologische
Gesellschaft (SKG)
Längassstraße 8
CH-3012 Bern
Tel.: 0 31 / 306 62 62
Fax.: 0 31 / 306 62 60
E-Mail: skg-scs@bluewin.ch
Internet: http://www.hundeweb.org

Weiterführende Literatur

Ackermann, Lowell
Mein gesunder Pudel
Bede, 1999

Birr, Ursula
Erfolgreiche Hundeerziehung
FALKEN, 1995

Spangenberg, Rolf
Hundekrankheiten
FALKEN, 2000

Waniorek, Linda
Wenn mein Hund älter wird
Gräfe und Unzer, 1999

Anmerkung der Redaktion

Weil das Kupierverbot in
Deutschland erst seit 1998
besteht, haben noch nicht alle
in diesem Buch abgebildeten
Pudel ihre vollständige Rute.

Sie finden uns im Internet:
www.falken.de

Dieses Buch wurde auf chlorfrei
gebleichtem und säurefreiem Papier
gedruckt.

Der Text dieses Buches entspricht
den Regeln der neuen deutschen
Rechtschreibung.

ISBN 3 8068 2623 4

© 2000 by FALKEN Verlag,
65527 Niederhausen/Ts.

Fotos: FALKEN Archiv/W. Redeleit:
    S. 52; »Ein Herz für Tiere«/Schanz:
    S. 34; alle übrigen Bilder:
    U. Schanz, München
Zeichnungen: FALKEN Archiv/Farkas-
    Dorner: S. 37, 54, 55, 56, 57;
    U. Farkas-Dorner: S. 17, 53;
    E. Wagendristel, Berlin (Kinder
    Spezial)
    Produktion und Satz: BOOKS &
    MORE, Monika Zilliken, Wiesbaden
    und Sofia Flandergan-Reichert,
    Salzgitter für BOOKS & MORE

Die Ratschläge in diesem Buch sind
von der Autorin und vom Verlag
sorgfältig erwogen und geprüft,
dennoch kann eine Garantie nicht
übernommen werden. Eine Haftung
der Autorin bzw. des Verlags und
seiner Beauftragten für Personen-,
Sach- und Vermögensschäden ist
ausgeschlossen.

Druck: Appl, Wemding

817 2635 4453 6271

Register

Erste Hilfe

Ratschläge
für den Notfall

- Bleiben Sie unbedingt ruhig und besonnen!
- Unterbinden Sie jede Fluchtmöglichkeit!
- Bringen Sie den Hund schnell aus der Gefahrenzone!
- Legen Sie den Hund auf die unverletzte Seite!
- Beruhigen Sie den Hund mit leiser Stimme!
- Legen Sie dem Hund eine Schnauzenbinde an, wenn er Schmerzen hat und schnappt!
- Bitten Sie eventuell Passanten, Ihnen beim Transport zum Auto/Taxi zu helfen!
- Fahren Sie auf dem schnellsten Weg zum Tierarzt!

Schnauzenbinde

Auch der liebste Hund kann Sie beißen, wenn er starke Schmerzen hat. Um ihm helfen zu können, müssen Sie ihm die Schnauze zubinden.
Sie brauchen dazu eine etwa 1 m lange Binde (z. B. Schal, Krawatte, Stoffgürtel). In der Mitte einen Knoten machen und, wie auf der Zeichnung zu sehen, um die Schnauze legen und hinter dem Kopf verknoten. Üben Sie das mit Ihrem Hund.

Extra-Tipp

Notieren Sie sich auf einem Zettel, den Sie bei jedem Hundespaziergang bei sich tragen, die Telefonnummer und Sprechstundenzeiten Ihres Tierarztes, der nächstgelegenen Tierklinik, des Tierärztlichen Notdienstes und eines Taxiunternehmers (Tiertaxi), das auch verletzte Hunde transportiert. Oder speichern Sie diese Nummern in Ihrem Handy.

Erste Hilfe bei offenen Wunden

- **Pulsierende Blutungen an Gliedmaßen:** Das Bein oberhalb der Wunde mit einem elastischen Material (z. B. Schal oder Strumpf) abbinden und alle 15-20 Minuten lockern, damit das Bein nicht abstirbt. Wunde verbinden.
- **Blutungen am Körper:** Wunde abdecken und über dem ganzen Körper einen Druckverband anlegen.
- **Leichte Blutungen:** Mit einem sauberen Taschentuch einige Minuten auf die Wunde drücken und nach Möglichkeit die verletzte Stelle kühlen. Verband anlegen.
- **Blutige Verletzungen an den Zehen:** Die Zwischenräume weich auspolstern (z. B. mit Watte oder Papiertaschentüchern) und die Pfote verbinden.